Lenelotte von Bothmer
Projekt Afrika

Lenelotte von Bothmer

PROJEKT AFRIKA

Hilfe zur Selbsthilfe?

Arena

CIP-Kurztitelaufnahme der Deutschen Bibliothek

Bothmer, Lenelotte von:
Projekt Afrika: Hilfe zur Selbsthilfe? / Lenelotte von Bothmer.
– 1. Aufl. – Würzburg: Arena, 1981.
ISBN 3-401-03959-8

1. Auflage 1981

Schutzumschlaggestaltung: Dieter Leithold
nach einem Foto der Bundesbildstelle
Bildnachweis: Presse- und Informationsamt
der Bundesregierung (Bundesbildstelle):
S. 9, 15, 37, 47, 51, 55, 59, 65, 73, 77, 81, 93, 97, 103, 109, 115, 121, 126, 143, 149, 155
Bundesforschungsanstalt für Forst- und Holzwirtschaft: S. 132, 136
Lektorat: Herbert Günther
Gesamtherstellung: Richterdruck Würzburg
ISBN 3 401 03959 8

Inhalt

Gestern und heute
Zur Geschichte der »Entwicklungsländer« in Afrika

Die Welt, in der wir leben, ist durch Industrie und Technik geprägt. Wir nennen sie modern und fortschrittlich. Es wird viel gearbeitet bei uns, und der wirtschaftliche Erfolg mancher Jahre läßt uns stolz und voller Ansprüche sein. Verreisen tut fast jeder im Urlaub, möglichst weit weg möchten viele, in eine ganz andere Welt, und den Reiz der Fremde genießen. Reiseunternehmen bieten die dritte Welt als Ferienziel an; unverbrauchte Strände mit europäischen oder amerikanischen Hotelhochbauten gesäumt. Aber viele sind dann schnell enttäuscht. Außer Natur ist da nicht viel los, und der verwöhnte Europäer sucht Läden, findet Souvenirs, wie es sie auf der ganzen Welt gibt. Vielleicht findet er schöne bunte Stoffe, Keramik, Schnitzereien. Verwundert nimmt er die Bezeichnung des Herkunftslandes auf diesen Dingen zur Kenntnis: etwa »Hongkong« oder »Holland«. Also sind das gar keine einheimischen Waren? Es soll doch Kunsthandwerk geben in Afrika!
Die Erklärung dafür ist einfach und doch sehr verzwickt: Für das »Ferienland« sind die eingeführten Industriewaren billiger als Produkte des eigenen Handwerks. Den Gewinn daran haben die Händler und nicht die einheimische Bevölkerung. Natürlich findet man auch handwerkliche Produkte, die im Lande selbst hergestellt wurden, von unterschiedlicher Qualität. Sie bringen dem Handwerker nicht viel ein, weil seine Produkte mit den billigen, eingeführten Industriewaren konkurrieren müssen.

Das Reiseprogramm bietet den Touristen eine Folklorevorführung: Sie wollen ja etwas »Ursprüngliches, Wildes« erleben. Und so starren sie verwundert die afrikanischen Tänzer an und hören ihre Musik, die ihnen nichts sagt. Denn sie wissen nicht, daß jeder Tanz und seine Musik eine bestimmte Bedeutung hat, daß er Teil war des Erlebens im alten afrikanischen Dorf. Die Europäer verstehen nicht die Sprache der Töne und der Bewegungen, für sie ist es Schaustellung, Show. Und die Afrikaner haben sich darauf eingestellt. Schnell haben sie unser Denken begriffen, das sich so ausschließlich nach Angebot und Nachfrage zu richten scheint. Sie tanzen und musizieren meist auch nur noch zur Schau. Denn ihre Welt hat sich verändert, der Bezug zur eigenen, besonderen und verpflichtenden Vergangenheit ist dabei, für immer verlorenzugehen.
So ist es längst schon bei uns. Wir haben uns weit von unserer Vergangenheit entfernt. Andererseits sind wir weit fortgeschritten in der Technik. Afrika will sich dem möglichst schnell anpassen. Und es kann vermutlich gar nicht anders. Man muß befürchten, daß es die gleichen Fehler begehen wird, an denen wir zu leiden haben. Für uns ist es schon fast unmöglich geworden, die Beziehungen der Menschen untereinander für wichtiger zu halten als den Fortschritt und das Geld.
In vielen afrikanischen Ländern gibt es eine kleine, in ihren Lebensgewohnheiten europäisierte Oberschicht, der es gutgeht. Der größte Teil der Menschen verdient sehr wenig oder nichts. Die meisten sind bitter arm. Weil die afrikanischen und anderen Länder der dritten Welt im Sinne des europäischen Lebensstandards weit zurückgeblieben sind, und weil ihre Wirtschaft nicht funktioniert für Unterhalt und Ernährung der eigenen Bevölkerung, geschweige denn zum gleichwertigen Austausch mit Industrieländern, so sind sie durch sogenannte Unterentwicklung gekennzeichnet. Wir Europäer wollen sie an unseren Stand der Entwicklung heranheben. Hunger und Armut müssen bekämpft werden. Nur geht indessen die hochtechnisierte Entwicklung in den Industriestaaten immer schneller weiter, so daß eine Annäherung der Lebensbedingungen für die armen Länder eigentlich ganz unmöglich geworden ist. Poli-

Sicheltanz der Kirdi in Kamerun

tische Gründe aber und solche der allgemeinen Menschlichkeit sprechen dafür, die größtmöglichen Anstrengungen dennoch zu machen. Die Entwicklungsländer sollen in die Lage versetzt werden, sich aus Armut und Rückständigkeit herauslösen zu können. Und außerdem brauchen Handel und Industrie der reichen Länder den weltweiten Markt und vor allem die Rohstoffe aus den Entwicklungsländern.
Waren denn diese Länder immer so arm und rückständig? Waren die Länder, die heute Industrieländer heißen, immer diejenigen, die die Welt beherrschten?
Nein, keineswegs! Reiche, oft größer als viele europäische Reiche, blühten lange bevor die ersten Europäer afrikanischen Boden betraten. Da gab es Stadtstaaten an der Ostküste, die bis Indien und China Handel trieben. – *»Diese Küstenstädte«,* schreibt der englische Historiker Basil

Davidson, *»mögen so schön und wohnlich wie die meisten Seestädte Indiens und Europas gewesen sein, so, wie sie am glitzernden Ozean mit weißen Terrassen und prächtigen Häusern angelegt waren, umgeben von starken Mauern, gepflastert, mit festem Kai, gekrönt von Festungen und Palästen.«* Und sie sanken, zerstört durch Europäer, in Armut und Bedeutungslosigkeit.

Wenn wir in Deutschland stolz sind auf Zeugnisse deutscher Baukunst und Malerei, auf Musik, Wissenschaft und Dichtung, die wirklich eine Zeitlang maßgebend für andere Völker waren, so sollten wir nicht vergessen, daß in anderen Teilen der Erde, da, wo heute sogenannte Entwicklungsländer sind, z. B. im Orient und Nordafrika, vor langer Zeit uns das Maß und der Anstoß gegeben wurde: Baukunst, Sprache, Wissenschaft und Dichtung haben von dort her auf Europa, auf Deutschland starken Einfluß gehabt. Es gibt davon heute noch viele Zeugen, sogar in unserer Alltagssprache: aus dem Arabischen sind Wörter wie »Zucker«, »Konditorei«, »Kaffee«, »Tasse«, »Jacke«, »Mütze«, »Sofa« . . . Und mehrere Jahrtausende, bevor bei uns die ersten Städte entstanden, blühten zum Beispiel diejenigen der Sumerer (jetzt Irak) und der Ägypter. Als Karl der Große Aachen zu seiner Pfalz ausbaute, und diese Stadt damit zu einem der wichtigsten Orte auf deutschem Boden wurde, zählte ihre Bevölkerung höchstenfalls ein paar tausend Einwohner. Zur gleichen Zeit war Bagdad eine Millionenstadt. Die schönsten und kunstreichsten Zeugnisse jener damaligen Reiche können wir heute in den Museen bewundern.

Vor zwei- bis dreihundert Jahren, als sich Europa aufmachte, weltweit die Fäden seiner Macht zu spannen, da waren es Seefahrer und Kaufleute, die an Afrikas Küsten landeten. Mit Handel gedachten sie ihrem Heimatland und sich selbst Reichtum zu erobern. Portugal, Dänemark, England, Holland, Frankreich und sogar auch Preußen beteiligten sich nach und nach seit der Mitte des 16. Jahrhunderts am afrikanischen Geschäft – mit beträchtlichem Gewinn.

Dieser bemerkenswerte Handel sah so aus: Die Kauffahrerschiffe brachten aus Europa zur afrikanischen Westküste, die die Europäer damals von der Mündung des Senegalflusses bis zur Mündung des Niger »Guinea« nannten, Waren, die die Neugier und Begehrlichkeit der Schwarzen wecken sollten: Flinten, Schießpulver, Branntwein, Messer, Spiegel, Pfeifen, Kattun und Leinen. Auch indisches Gewebe war dabei, so daß man von einem richtigen »Welthandel« sprechen kann: Aus Indien eingeführte Waren gelangten über Europa nach Afrika.

In Afrika wurden von dem Gewinn dieser Waren Sklaven gekauft. Vor allem in Westindien, dem Gebiet der heutigen Karibischen Inseln, war großer Bedarf an Arbeitskräften: Dort brauchten europäische Grundbesitzer für die Rodung des Urwaldes und für die schwere Arbeit beim Anlegen ihrer Plantagen tüchtige Arbeiter, die der mörderischen und rücksichtslosen Arbeitsweise gewachsen waren. Deshalb trieb man an Afrikas Westküste die Menschen, mit Ketten aneinandergebunden, zu den Forts der Kaufherren, um sie bei nächster Gelegenheit nach Westindien zu verschiffen. Als an der Küste nicht mehr genug Menschen aufgetrieben werden konnten, zogen bestochene und korrumpierte Schwarze tiefer ins Land auf Menschenfang und schleppten Angehörige ihrer eigenen Völker zum Verkauf den Händlern zu. Die Forts waren feste Burgen, die die Europäer gegen Überfälle von Schwarzen und von europäischen Konkurrenten schützten. Auf der Zinne weithin sichtbar flatterte die Flagge des Herkunftslandes der Händler.

Ich habe selbst eine solche Festung gesehen: Sie steht auf der Insel Gorée vor der Küste Senegals. Durch ein gewaltiges, festes Tor betritt man den Innenhof der Festung, die wie alle jene Festungen direkt am Strand aufgebaut ist. Zu ebener Erde gelangt man in höhlenartige Keller unter dem Haus. Winzige Fenster lassen kaum mehr als einen Schimmer Tageslicht eindringen. Die Luft ist feucht und kalt, während draußen glühendheiße Temperaturen herrschen. Hier hinein wurden die aus dem Landesinneren zusammengetriebenen Sklaven gebracht. In Kellern von normaler Zimmergröße mußten Hunderte unterkommen: in einem Raum Männer, in einem anderen Frauen, im dritten junge Mädchen, im vierten die Kinder. Alle diese Menschen aus ihrer Heimat verschleppt in eine völlige unbekannte Umgebung, einer ganz unbekannten Zukunft

gegenüber und auch noch von den verbliebenen Nächsten grausam getrennt!
Alle waren einem strengen Reglement unterworfen; die Ernährung war schlecht und ungenügend, das Wasser rationiert. Wer sich auflehnte, wurde geschlagen oder hinter Gittern eingesperrt. Hier starben viele, obgleich beim Sklaveneinkauf vor allem kräftige, gesunde und gutgebaute Menschen ausgesucht wurden; diese Eigenschaften bestimmten ihren Wert. Kinder wurden nach ihrem Gebiß beurteilt. Die Anzahl der Zähne gab das Alter an und ließ auf ihren Entwicklungsstand schließen.
Oft mußten die Sklaven wochen- und monatelang in den Verließen aushalten, bis wieder ein Schiff die Reise nach Westindien antrat. Aus dem Keller führte ein dunkler Gang direkt ins Meer – noch heute ist er unverändert da. Hier wurden die Gefangenen hinausgetrieben; sie mußten in dicht herangefahrene Schaluppen steigen, die sie zum Schiff brachten. Es lag weiter draußen auf Reede, weil die Brandung an dem flachen Sandstrand es großen Schiffen unmöglich machte, näher heranzukommen.
Als ich die dunklen Kellergewölbe gesehen hatte, stand mir die ganze grausame Prozedur lebhaft vor Augen: das Gefangen- und Weggeführtwerden, das Auseinandergerissensein! Ich stieg die schöngeschwungenen Steintreppen aus dem Hof ins obere Haus hinauf. Hier lag, mit dem herrlichsten Blick aufs weite Meer hinaus, von breiten festen Steinterrassen rings umgeben, die Wohnung des (portugiesischen oder holländischen) Kommandanten.
Die Mauern der kleinen Festung sind sehr dick. Aber ich habe mich doch gefragt, ob die Familie hier oben gar nichts vom Jammer der Unglücklichen und Verzweifelten, der Kranken und Sterbenden in ihrem Keller vernommen hat?
In Westindien angekommen, wurden die Sklaven an die Eigentümer oder Verwalter der Plantagen verkauft. Solch ein Herr kaufte soundso viel »Stück« Neger. In ihre Haut wurde sein Zeichen oder das seines Großunternehmens eingebrannt. In der Inventarliste einer Plantage vom Jahr 1759 heißt es:

Lebendes Inventar

Neger			Vieh			
Kinder	*Männer*	*Weiber*	*Zugbullen*	*Kühe*	*Maulesel*	*Schafe*
116	*71*	*95*	*20*	*9*	*15*	*30*

Auf den Plantagen legten die Besitzer Monokulturen an, d. h. sie bauten auf großen Flächen nur ein Produkt an und das über Jahre hin. Der Boden wird auf diese Weise sehr einseitig beansprucht und auf die Dauer ausgelaugt und unfruchtbar; aber zunächst brachte diese Anbauweise den größten Gewinn. Damals baute man dort vor allem Zucker an, anderenorts Baumolle oder Tabak. Auf den Zuckerplantagen wurde das frische Zuckerrohr gemahlen und der Zuckersaft gekocht und endlich getrocknet, bis er als Rohzucker verschifft werden konnte. Als Nebenprodukt gewann man Rum. So luden die Schiffe auf ihrer Rückkehr nach Europa Zucker und Rum, außerdem Tabak, Baumwolle, Kaneelborke und Mahagoniholz, und sie hatten vielleicht von Afrika schon Gold und Elfenbein mitgebracht. Da war an Bord wahrhaftig reiche Fracht! Und nun mußten die Gefahren und Ungewißheiten der weiten Seereise überstanden werden. Von der Besatzung ist mancher den Entbehrungen und Anstrengungen nicht gewachsen gewesen, mancher starb unterwegs und fand sein Grab im Meer.

Auch nicht jedes Schiff ist zurückgekommen. Die Reise war lang und gefährlich; ein Schiff brauchte damals für die gesamte Reise von Europa nach Afrika, weiter nach Westindien und zurück nach Europa, die notwendigen Liegezeiten eingerechnet, zumindest eineinhalb Jahre.

Wie die Beteiligung an diesem Dreieckshandel einen Mann zu hohen Ehren brachte, kann man am Beispiel des Unternehmers Schimmelmann sehen, der, deutscher Abstammung, vor zweihundert Jahren in Dänemark lebte. Dort war er Besitzer einer Gewehrfabrik, einer Kattunfabrik, ihm gehörten Brennereien und Zuckerraffinerien. Gewehre, Kattun und Branntwein aus seinen Fabriken lieferte er direkt nach Afrika, wo für den Erlös Sklaven gekauft wurden. Er hatte dort seine Agenten, die den

Handel für ihn tätigten. In Westindien war er Großaktionär der Handelsgesellschaften, die am Sklavenhandel beteiligt waren. Er besaß außerdem mehrere große Plantagen. Seine Schiffe brachten ihm Zucker, Rum und Baumwolle zurück, und der Zucker wurde in seinen Raffinerien zu Weißzucker verarbeitet, wie er hier gebraucht wurde; Baumwolle wurde in seiner Fabrik zu Kattun. Und sein Ansehen stieg unaufhaltsam wie auch sein Einfluß auf die Regierung, je größer der Umfang seiner Geschäfte wurde. Er besaß prächtige Schlösser und Paläste – dem dänischen König diente er als Schatzmeister und Staatsminister. Obendrein ist er noch geadelt worden.
Der Sklavenhandel damals soll um die 40 Millionen Menschen über See verkauft haben, so daß in Afrika ganze Landstriche verödeten auf lange, lange Zeit. Kein Wunder, daß sie zurückgeblieben sind bis heute!
Erstaunlich aus heutiger Sicht ist es, daß christliche Missionare nichts gegen den Sklavenhandel einzuwenden fanden. Zwar sahen sie es als ihre Aufgabe an, die Ärmsten zu taufen und mehrere reisten unter den größten Beschwerden in das für Europäer fast tödliche Klima nach Westindien, mit seinen damals unbeschreiblich primitiven Lebensbedingungen, aber an der Grausamkeit gegenüber den Schwarzen schienen sie keinen Anstoß zu nehmen; sie bekehrten die Unglücklichen, oft mit Zwang. Und sie glaubten damit ihren christlichen Auftrag zu erfüllen.
Die ungeheuerlichen und rücksichtslosen Eingriffe Europas in die andere Welt, Afrika, die die gewachsene Ordnung dort auseinanderriß, geschahen im Namen wirtschaftlich notwendiger Entwicklung – einer absolut einseitigen Entwicklung, denn Europa allein hatte den nicht unbeträchtlichen Gewinn. Und wie immer die Lebensverhältnisse zu der Zeit in Afrika waren, bedeutete dies jedenfalls Rückschritt; ein Abschneiden jeglicher möglichen eigenen Fortentwicklung, auch der eigenständigen Kultur.
Anfang des vorigen Jahrhunderts wurde allmählich der Sklavenhandel

Am Strand von Lagos in Nigeria

verboten. Die Sklaven auf den Plantagen konnten sich freikaufen. Wo ihre Väter und Mütter eigentlich hergekommen waren, konnten sie nicht wissen; für die weite Reise in den anderen Erdteil hätte wohl auch keiner das Geld gehabt, selbst wenn er seine Herkunft gekannt hätte. So blieben sie in der Fremde. Für das unterprivilegierte Leben der heutigen Schwarzen in Amerika war damals der Grund gelegt. Noch immer sind sie, vor allem in den südlichen Staaten, nicht gleichberechtigt. Immer wieder flackern Unruhen auf, die zu gewaltsamen Auseinandersetzungen mit der Polizei werden können. Überall in Amerika sind vor allem schwarze Jugendliche ohne Ausbildung und Arbeit – sie sind besonders gefährdet.

Man sollte denken, daß nun das reich gewordene Europa, in dem natürlich dennoch viele Arme lebten, die keinerlei Teil an dem Gewinn der Unternehmer und der Macht ausübenden Oberschicht hatten, man hätte denken sollen, es sei nun Zeit gewesen für humanere, menschlichere Ideen, die etwa die Ausbeutung anderer Völker verbieten. Und in der Tat blühten solche Ideen immer vollkommener überall auf: Empfindsame Dichtungen und Schriften, die von Freiheit und Menschlichkeit handelten, wurden z. B. in Deutschland gerade zu der Zeit, als der Kolonialismus einsetzte, mit großem Eifer verfaßt und ausgetauscht. Aber zwischen Idee und Wirklichkeit gab es auch zu jener Zeit einen offensichtlich unüberwindlichen Graben.

Um die Mitte des vorigen Jahrhunderts richtete sich Europas Begehrlichkeit erneut und immer stärker auf die Reichtümer Afrikas, denn das Zeitalter der Industrialisierung brach an. Schon Jahrzehnte früher waren Indien und Indonesien betroffen; aber nun (vor mehr als gut hundert Jahren) hielten die Europäer in Afrika Ausschau nach begehrten und inzwischen notwendiger gewordenen Rohstoffen. Und jetzt wurden die Schwarzen nicht mehr als Sklaven verkauft, jetzt brauchte man sie in Afrika als Zwangsarbeiter. Das Zeitalter des sogenannten Kolonialimperialismus war ein Geschwist der beginnenden Industrialisierung. Das »Imperium«, das Reich der Kolonien entstand, in denen Europa ungehindert herrschte.

Und diesmal nicht vorwiegend in Westafrika! Europäische Staaten eigneten sich immer größere Gebiete (Kolonien) rund um die Küste Afrikas an und drangen allmählich ins Landesinnere vor, bis sie schließlich den Kontinent ganz unter sich aufgeteilt hatten. 1884 lud Bismarck die beteiligten Mächte nach Berlin, und auf jener denkwürdigen Konferenz wurde die Teilung besiegelt; da wurden die Grenzen der Kolonien vollkommen willkürlich nach den eigentümlichsten Verwaltungsgrundsätzen und von Habgier diktiert gezogen: quer durch Stammes- und Sprachgebiete. Wie die zahlreichen Nomaden, die ja im Lauf des Jahres die beste Weide suchend weite Strecken abwandern, damit fertig werden konnten, blieb ihre Sache. Diese Grenzen sind bis auf den heutigen Tag geblieben: die einzelnen Kolonien, von verschiedenen »Mutterländern« abhängig, wurden zu verschiedenen Zeiten in die Freiheit entlassen; sie kamen mehr oder weniger notgedrungen überein, die Grenzen so beizubehalten. Aber ganz selbstverständlich wurden Spannungen zwischen den jungen Staaten auf diese Weise von Anfang an vorprogrammiert.

In der Heimat mit viel Ruhm bedachte, geschickte Unterhändler brachten ahnungslose Häuptlinge dazu, Verträge zu unterzeichnen, die sie nicht verstanden: aber kraft dieses Papieres hatten sie damit den Boden ihres Stammes übereignet. Die Schwarzen, denen der Boden ihres Dorfes absolute Lebensgrundlage war, wurden heimatlos; ohne gewachsenen Zusammenhalt von Dorf und Familie verloren sie mehr als den Lebensunterhalt. Sie mußten nun froh sein, für Weiße arbeiten zu dürfen; sie wurden genau das, was der weiße Mann sich wünschte: gedemütigte, ihren Befehlen unterworfene Menschen, die zur bloßen Arbeitskraft herabgewürdigt waren.

Wieder setzten zuerst Kaufleute ihren Fuß auf afrikanischen Boden, es folgten Beamte und Militärs. Sie vertrieben die Schwarzen, wo sie deren Felder nutzen wollten und mit ihrer Arbeit weiträumige Plantagen anlegten. Sie verwalteten das Land auf ihre, der Bevölkerung ganz fremde Art und setzten überall ihre Ordnung. Mit Waffengewalt schlugen sie immer wieder Aufstände der Einheimischen blutig nieder. Zwei Welten trafen aufeinander – die fremde obsiegte. Und sie war stolz darauf.

Bei uns gilt der Mensch etwas, wenn er viel arbeitet und viel materiellen Erfolg hat; man sagt dann: »der hat etwas geleistet!« In Afrika arbeitet der Mensch seit je vor allem um zu leben; er leistet sich Muße, die gehört zum Leben. Das Leistungsdenken, das uns vorantreibt, ist ihm fremd von Natur.

In den Kolonien bevorzugte man wieder die Monokulturen, den Großanbau einzelner Produkte: weite Flächen mit Baumwollpflanzen, Tee, Kaffee, Kakaobohnen, mit Tabak oder Sisal oder Zucker. Das Geschäft ließ sich gut an für die neuen Herren; den Grund und Boden – auch für ihre schönen Häuser – hatten sie kostenlos erworben, die Zwangsarbeit der Schwarzen wurde gering entlohnt. Und viele der neuen Produkte fanden auf dem europäischen Markt den günstigsten Absatz; sie bereicherten das gewohnte Angebot erheblich: in sogenannten Kolonialwarenhandlungen wurden die begehrten Waren verkauft; schon der verlockende, fremdartige Duft von Zimt, Nelken und Kaffee reizte die Käufer.

Die Verwaltung der Kolonien teilte die Menschen ganz von selbst in kluge, tüchtige Weiße und dumme, untüchtige Schwarze – so sah man das selbstverständlich auch im Mutterland. Die Weißen befahlen, die Schwarzen gehorchten; die Weißen waren zwar harte, aber wie sie meinten, gerechte Herren. Mußten sie doch die Dummen zu vernünftiger Arbeit anleiten und sie »unter ihren Schutz« nehmen. Man muß sich fragen: Schutz wovor?

Denken eigentlich heutzutage Deutsche noch so von schwarzen Menschen? Ich zitiere aus einem Reisebericht von 1980: *»überall wird deutsch gesprochen, deutsch sind die Hotels... die Besitzer sind Deutsche, die Hilfskräfte Schwarze. Die ›Jungens‹, wie sie dort genannt werden, sprechen gepflegtes Deutsch und sind sehr selbstbewußt. Sie machen die Betten, säubern die Zimmer, kochen, backen, servieren, bearbeiten und bewässern die Gärten, kehren die Straßen, tragen die Lasten. Aber der Boß, der Weiße, denkt für sie und leitet sie an.«*
Haben wir in unserem Land nichts gelernt? Und wäre es nicht wirklich an der Zeit dazu? Man nennt nämlich solche Haltung heute »Rassismus«; im südlichen Afrika, wo auch der zitierte Bericht geschrieben

wurde, finden wir Rassismus noch in bisher unerschütterter Form.
Für die Kolonialherren wurden mehr und mehr auch die Bodenschätze in Afrika interessant: Edelmetalle, Gold und Silber, wurden schon seit längerer Zeit ausgebeutet, in früheren Jahrhunderten schon. Nun fand man auch Chrom, Mangan und andere wichtige Metalle, die für die Industrie wichtig wurden.
Wieder arbeitete die Mission Hand in Hand mit der Ausbeutung, wieder gab die christliche Religion der Härte und Rücksichtslosigkeit der Kolonialverwaltung einen Schimmer von Recht; sie lehrte die Schwarzen, daß man das Los Knecht zu sein mit Demut tragen müsse, daß es aber auch für sie eine bessere Welt im Jenseits gäbe. Und in der Tat haben viele Afrikaner den christlichen Glauben mit tiefer Gläubigkeit aufgenommen und offenbar eine Hilfe daran gefunden in der Verwüstung ihrer eigenen Welt.
Anfang der 60er Jahre wurden die meisten Kolonien unabhängig. Der prägende Einfluß ihrer jeweiligen Kolonialmacht erwies sich aber weiterhin als so stark, daß vieles sich nicht änderte. Die fremde Sprache blieb Landessprache; die willkürlichen Grenzen blieben, Sprach- und Stammeseinheiten blieben auseinandergerissen, auch das fremde Schulsystem, soweit Kinder zur Schule gingen, konnte zunächst nicht geändert werden. Mühsam mußte der Begriff »Nation« sich durchsetzen, während nach europäischem Muster sofort Parteien (manchmal früher unterdrückte Befreiungsbewegungen) auf den Plan traten, Wahlen proklamiert wurden, Parlamente, Staatspräsidenten und Minister ihre Arbeit aufnahmen.
Francis Bebey aus Kamerun erzählt in seinem Buch »King Albert« wie all diese Veränderungen in ein Dorf einbrachen: Ein junger Mann, der bei der Kolonialverwaltung arbeitet, kommt zum Häuptling des Dorfes, um ihn darauf vorzubereiten.

»Laß mich dir sagen, weshalb ich heute zu dir gekommen bin. – Ich höre Dir zu. – Also, Chef, demnächst wird es Wahlen geben. – Was wird es geben? – Also, ich sage, demnächst wird es Wahlen geben. – Mein Sohn, erkläre mir bitte genau:

Was soll das heißen? – Das will heißen, die Weißen werden uns dazu auffordern, jemanden zu wählen der uns vertritt. – Jemanden der uns vertritt? Aber, mein Sohn, warum müssen wir denn jemanden wählen, der uns vertritt? Bin ich selbst denn nicht derjenige, den die Tradition an die Spitze unserer Gemeinschaft gestellt hat, um uns alle zu vertreten?... – Ich werde es Dir erklären, Du weißt, daß unser Land von den Weißen regiert wird. – Das weiß ich, das weiß ich sehr wohl. Und was haben sie sich jetzt wieder einfallen lassen, diese Weißen?... – Die Weißen haben eine Art und Weise ein Land zu regieren, die von der unseren verschieden ist... Diese neue Art und Weise zu regieren wollen die Weißen uns beibringen und deshalb wird es Wahlen geben... – Was sagst Du da? Das will man uns nun verpassen und wozu soll das gut sein?... Ich habe die Vorahnung von noch größeren Veränderungen als jenen, die auf unsere Väter zukamen, als die ersten Weißen in unser Land kamen. Glaubst Du, daß die Weißen uns eines Tages über unser eigenes Schicksal entscheiden lassen werden?«

Ist die Zeit des Kolonialismus aber wirklich vorbei? Konnte Europa sich das Herrschaftsdenken und Einwirken zum eigenen Nutzen abgewöhnen? Man stößt immer noch darauf, und es sind ja auch erst wenige Jahre vergangen, seitdem auch Portugal nach langen, erbitterten Befreiungskämpfen der Bevölkerung seine Kolonien freigeben mußte. 1980 erst schüttelte Zimbabwe das Joch der weißen Herrschaft ab, und in Namibia und Südafrika gibt es für schwarze Menschen immer noch keine Freiheit!

Portugal war wohl die älteste europäische Kolonialmacht, denn schon im 15. Jahrhundert besetzten portugiesische Seeleute auf ihren wagemutigen, weiten Reisen in viele Gegenden der Erde hervorragende Küstenpunkte zur Sicherung ihrer Seefahrt. In Lissabon gibt es, in Marmor eingelassen, auf einem erhöhten Standpunkt am Ufer, eine runde Messingplatte, die diese Orte verzeichnet, ihre Himmelsrichtung angibt und die Jahreszahlen, wann sie angesteuert worden sind.

Portugal war auch die letzte Kolonialmacht, denn Zimbabwe hatte als »Rhodesien« sich die Unabhängigkeit von England selbst genommen, aber unter weißer rassistischer Herrschaft. Unter Portugals faschistisch-

diktatorischem Regime – 40 Jahre lang, von Salazar und danach von Gaetano – wurden die afrikanischen Besitzungen einfach als zugehörige Teile des Mutterlandes erklärt und mit strenger Hand verwaltet. Das bedeutete allerdings nicht für die Bevölkerung dieser Länder, daß sie portugiesische Staatsbürger wurden; nur eine kleine Schicht in Portugal Ausgebildeter genoß diesen Vorzug. Die portugiesischen Länder, Angola, Guinea-Bissau und Mozambik, wurden überhaupt nicht entwikkelt, ihr Reichtum hatte nur dem Stammland zu dienen. So gab es nur ein paar größere Städte, die zur eigenen Bequemlichkeit und zum Bedarf der Portugiesen ausgebaut wurden, und es gab selbstverständlich Häfen als Umschlagplätze für die auszuführenden Güter. Für die Bevölkerung war so gut wie gar nicht gesorgt. Aber allmählich wuchs und bildete sich organisierter Widerstand; Befreiungsbewegungen nahmen den Kampf auf gegen die portugiesische Übermacht. Diese setzte Militär ein, das mit allen modernen Mitteln zurückschlug – ein mörderischer, jahrelanger Krieg forderte ungezählte Opfer und schreckliche Zerstörung.
Die afrikanischen Kämpfer im Untergrund operierten im Busch und über die Grenzen von Nachbarstaaten her. Für Flüchtlinge und für Verwundete und für die notwendigste Versorgung der Bevölkerung kam Hilfe von einigen Hilfsorganisationen Westeuropas, Waffen kamen aus dem Osten. Aber die Portugiesen kämpften mit NATO-Waffen. Unter den Mitgliedern der NATO, der Nordatlantischen Verteidigungsgemeinschaft, werden einander Waffen geliefert, und so bekam Portugal auch Waffen aus der Bundesrepublik. Allerdings gibt es eine Vereinbarung, nach der solche Waffen nur zur Verteidigung des eigenen Landes verwendet werden dürfen, daß sie also nicht in andere Länder exportiert werden dürfen. Da nun aber Portugal seine afrikanischen Kolonien als eigenes Land deklariert hatte, benutzte es diese Waffen dort gegen die Aufständischen. Auf diese Weise wurde das deutsche Verhältnis zu Schwarzafrika in besonderer Art belastet. Auch die Haltung mancher Unionspolitiker in Bonn war belastend, denn sie erklärten, die Freiheitskämpfer seien Terroristen und Kommunisten; sie verlangten, daß kein Deutscher und keine deutsche Organisation ihnen helfen dürfe.

Die Freiheitskämpfer haben in den portugiesischen Kolonien endlich gesiegt, begünstigt durch den plötzlichen Machtwechsel in Portugal. Die drei Länder Angola, Guinea-Bissau und Mozambik sollten nun unabhängig werden, und die neue portugiesische Regierung half ihnen dabei; auch viele Portugiesen blieben dort, sie wollten beim Aufbau helfen. Das war sicher nötig, denn beruflich gut ausgebildete Einheimische gab es längst nicht genug. Außerdem waren die Länder vom Krieg verwüstet. So lag die Haupstadt Luanda in Angola teilweise in Trümmern, der Handel war zusammengebrochen. Auf der Reede draußen im Meer lagen seit Monaten verrostende Schiffe, die nicht ausgeladen wurden; in den Schuppen im Hafen fielen Säcke und Kisten mit verrottenden Waren auseinander. In Mozambik war es nicht anders, und kleine Läden an der Straße ins Landesinnere waren ausgebrannt, die Versorgung der Bevölkerung vollkommen zusammengebrochen.
Ich habe diese drei Länder gesehen, als noch in jedem ein portugiesischer Hochkommissar saß, der in die neuen Verhältnisse überleiten sollte. Allgemeine Wahlen sollten nach monatelanger Übergangsfrist erfolgen.
Das ärmste dieser drei betroffenen Länder war Guinea-Bissau. Dort gab es außer ein paar großen, repräsentativen Bauten und breiten Plätzen in der Hauptstadt nur ein veraltetes Elektrizitätswerk, ein ehemaliges portugiesisches Militärkrankenhaus ohne Ärzte, einen Offiziersclub mit schönem Garten, ein oder zwei primitive Hotels und als einzigen Produktionsbetrieb eine Brauerei. Auf diese Brauerei stützte sich die ganze Hoffnung, die Wirtschaft beleben zu können!
Der Hafen war verhältnismäßig unbedeutend, und weiter draußen sah man Schiffe einer russischen Fischfangflotte: Die Russen haben mit mehreren westafrikanischen Staaten einen Vertrag abgeschlossen, der ihnen erlaubt vor der Küste zu fischen. Diese Länder haben selber keine moderne Fangflotte. Dafür liefern die Russen den betroffenen Ländern schon an Bord eingedoste Fischwaren. Das führt zu der grotesken Situation, daß die Küstenbewohner fast keinen Fisch – keinen frischen Fisch – mehr bekommen, der bis dahin eines ihrer Hauptnahrungsmittel war.

Nur nahe am Strand dürfen einheimische Fischer in leichten Booten ihrer Arbeit nachgehen.
Die heftigen Kämpfe hatten die Dämme zerstört, die im Flußmündungsgebiet Reisfelder schützten. Reis, ein zweites wichtiges Nahrungsmittel, von dem in besseren Zeiten sogar eine gewisse Menge ausgeführt werden konnte. Im Salzwasser aber gedeiht der Reis nicht und so hoffte die Regierung auf Entwicklungshilfe, mit deren Unterstützung man den Hauptdamm neu bauen wollte, damit die Bevölkerung aus eigener Produktion wieder ernährt werden und damit vielleicht auch die Ausfuhr wieder angekurbelt werden könne.
Ich wurde tief ins Land hinein gefahren, denn ich sollte die Stätten des Befreiungskampfes sehen, vor allem die Plätze im Busch, an denen damals das Hauptquartier der Kampfführer aufgeschlagen war. Jetzt standen diese Führer an der Spitze der Staatspartei, zu der die ehemalige Befreiungsbewegung geworden war. Die Straßen, über die ich mit meiner Begleitung im Jeep fuhr, waren voller Löcher und großer Steine. Hier und da waren sie von Quergräben unterbrochen, über die der Jeep kunstreich hinübersetzte. Die Straßen führten durch Flußmündungs- und Sumpfgebiete und endlich in den Busch, einen verhältnismäßig dichten, fremdartigen Wald. Hier und da mußten wir Straßensperren passieren: Ganz junge Burschen in seltsamen Uniformstücken hielten mit großem Ernst einen Stock oder eine Schnur quer über die Straße und verlangten das Passierwort. Das war noch eine Übung aus der Kriegszeit. Im Wald ließen wir den Jeep stehen und gingen auf einem schmalen Pfad tief ins Gebüsch weiter.
Bei einem tiefen Loch im Waldboden blieben wir stehen, ringsumher zerborstene Stämme. Hier hatte eine Bombe mehrere Leute des Stabes von Amilcar Cabral, dem Führer der Befreiungsbewegung, getötet. An einer anderen Stelle markierte ein von Westen nach Osten gelegter Stamm den Treffpunkt der Führungsgruppe. Hütten aus grünem Buschwerk geflochten und leicht mit Stämmen verstrebt, zeigten uns, wo die Bewohner der nächstgelegenen Dörfer Zuflucht gesucht hatten vor Bomben und ausgespritztem Gift. Nach zwei Stunden Weg, die ich in

der Hitze und in dem schwierigen Gelände recht anstrengend fand, erreichten wir ein größeres Dorf. Dort war von den Frauen Essen für uns vorbereitet: Bohnenbrei mit Hühnerfleisch, sehr wohlschmeckend! Auf dem Weg trocknete man vor den Häusern allerlei Feldfrüchte in der Sonne. Die Häuser aus Lehm hatten auch hier, wie meist in Afrika, nur einen Raum, der der ganzen Familie zur Wohnung dient.

Nach dem Essen wurde ich zu einem abgestürzten Militärflugzeug deutscher Fabrikation geführt: »Da«, sagten sie, »siehst Du's! Ihr habt mit gegen uns gekämpft! Aber wir haben euch alle besiegt!«

Wie sollte ich ihnen die langsamen und verschlungenen Wege der Politik erklären und daß die Bundesregierung, als klar wurde, daß an Portugal gelieferte Waffen in Afrika eingesetzt wurden, ihre Lieferung eingestellt hatte? Hier lag ein Beweis deutscher Mithilfe gegen die Befreiung aus dem Joch des Kolonialismus! Was helfen angesichts dessen lange Erklärungen?

Zurück in Bissau erreichte mich die Anfrage des Präsidenten, ob ich einen Tag länger bleiben könne, er wünsche, mit mir zu reden. Das kam mir sehr überraschend, zudem war mein Terminkalender in Bonn wie üblich übervoll, abgesehen von der Verpflichtung, dort anwesend sein zu müssen. So wurde ein Treffen am frühen Morgen vor meiner Abreise vereinbart – notfalls sollte eben der Abflug des Linienflugzeugs, das mich nach Lissabon bringen sollte, aufgehalten werden. Der Präsident war ein Bruder des Kampfführers und hervorragenden Politikers Cabral, der gegen Ende des Krieges einem Mord zum Opfer fiel. Er gab mir seine Wünsche an die Bundesregierung mit und betonte den Willen zu guter Zusammenarbeit. Er machte deutlich, daß sein Land bei aller selbstverständlichen Dankbarkeit gegenüber der UdSSR und der DDR für geleistete Waffenhilfe nicht in neue Abhängigkeit geraten wolle. Das Land habe sich entschieden, blockfrei zu sein. Politik ist auch in der Dritten Welt die Kunst abzuwägen und zu entscheiden. In Bonn hatte man inzwischen schon begonnen, die zunächst geplanten Entwicklungsprojekte vorzubereiten: den Damm für die Reisfelder und die Erneuerung des Elektrizitätswerkes.

Die drei ehemaligen portugiesischen Kolonien haben also die ersten Schritte in die Freiheit getan und versuchen ihre eigene Entwicklung. Daß das vor allem in Angola, wo es drei Befreiungsbewegungen gab, erst einmal neue Kämpfe und Verwicklungen gab, ist nicht zu verwunderlich. Wir erwarten gern von den jungen Staaten der Dritten Welt, daß sie geradlinig und problemlos, wenn sie erst einmal die Unabhängigkeit erreicht haben, zu stabilen Mitgliedern der Völkergemeinschaft werden; wir nehmen ihnen schnell übel, wenn sie Unruhen im Land haben, statt sich zügig zu entwickeln. Ist das nicht ziemlich dumm angesichts all der Kämpfe, Kriege und Unruhen, die die (unabhängigen) europäischen Staaten jahrhundertelang und immer wieder bis in die jüngere Geschichte hinein vom Zaun brachen und erlitten? Und ist es gegenwärtig innerhalb der einzelnen europäischen Staaten ganz problemlos? Ich meine, wir haben Grund genug, Verständnis auch für andere aufzubringen.

Unter Fremdherrschaft ist aber nach wie vor Namibia, das frühere Deutsch-Südwestafrika. Von 1884 an ist es deutsche Kolonie gewesen bis zum Ende des Ersten Weltkrieges. Dann wurde es vom Völkerbund der Regierung Südafrikas als Mandatsland zur Verwaltung anvertraut. Die Vereinten Nationen waren der Überzeugung (nach dem Zweiten Weltkrieg), daß das Gebiet nach wie vor unter internationaler Verantwortung stehe und daß Südafrika verpflichtet sei, Rechenschaft über seine Verwaltung abzulegen. Der Internationale Gerichtshof in Den Haag erklärte Südafrikas Nichtbeachtung dieser Verpflichtung als nicht den internationalen Vereinbarungen entsprechend und fügte endlich hinzu, nachdem auch die Vereinten Nationen die sofortige Entlassung Namibias in die Unabhängigkeit gefordert hatten, daß Südafrikas Anwesenheit im Lande nicht legal sei, nicht dem Recht entsprechend. Das alles hat Südafrika nicht im mindesten gekümmert: es behandelt Namibia nach wie vor als eine mit Teilrechten ausgestattete Provinz seiner Republik.

Die Inbesitznahme von Südwestafrika wurde stets als ein besonderes Ruhmesblatt tapferer, wagemutiger Deutscher bei uns zu Lande gefeiert.

In einer nordwestdeutschen Chronik findet man unter mehreren Eintragungen für das Jahr 1882: *»Der Bremer Kaufmann Adolph Lüderitz gründet im südwestafrikanischen Naturhafen Angra Pequena* (später Lüderitz-Bucht genannt) *eine Handelsniederlassung und erwirbt von den Hottentotten einen 20 Meilen breiten Streifen am Oranje-Fluß.«* Diese knappe Meldung läßt nicht ohne weiteres ahnen, daß der Erwerb des 20 Meilen breiten Streifens die Vertreibung der Hereros, wie sie korrekt heißen, zur Voraussetzung hatte. Neben wenigen guten Böden gibt es in Namibia weite Wüstenstrecken und unfruchtbare, sandige Gegenden. Natürlich hatten die Hereros in der Nähe des Flusses gelebt. Sie mußten nun, um ihr nacktes Leben zu retten, in Gegenden ausweichen, in denen sie zu Tausenden verhungerten.
In den darauffolgenden 20 Jahren hatten die inzwischen zahlreich eingewanderten Deutschen – vor allem Händler und am Landerwerb Interessierte – die Afrikaner ihrer Existenzgrundlage weitgehend beraubt. 1904 lehnten sich die Hereros dagegen auf und wurden in »tapferem« Kampf von den Deutschen niedergeschlagen – in einem regelrechten Ausrottungsfeldzug.

»Daß der Herero- und Nama-Aufstand ein verzweifelter Verteidigungskrieg war«, schreibt Basil Davidson, *»wurde von den europäischen Eindringlingen nicht verstanden. Im deutschen Koloniallexikon von 1920 vom letzten deutschen Gouverneur von Ostafrika, Heinrich von Schnee, herausgegeben, kann man lesen: ›Der Aufstand lag in der freiheitsliebenden Natur der Herero, diese fühlten sich besonders empfindlich bedroht, nicht durch den Verlust von Land und Vieh und Freiheit, sondern durch den Fortschritt der Kultur. Und dieser Fortschritt rief ihren Widerstand gegen die kolonialen Eindringlinge hervor ... Sie waren einfach nicht fähig, sich der Anstrengung des modernen Lebens anzupassen ...‹«*

Die etwa sechzigtausend bis achtzigtausend Hereros wurden bis auf sechzehntausend niedergemacht, die Nama um die Hälfte vermindert. Über diesen schmählichen Kampf konnte man in vielen deutschen Büchern, vor allem auch in Jugendbüchern, verherrlichende Darstellun-

gen lesen – die Helden von Südwest! Und als Deutschland 1918 am Ende des Ersten Weltkrieges seine Kolonien verlor, lebte doch in den Deutsch-Südwestlern der »alte tapfere Kampfesgeist« verbunden mit der Hoffnung weiter, doch einmal wieder deutsche Kolonie zu werden.
Im Laufe der Jahrzehnte haben von den immer noch dort lebenden etwa 30 000 Deutschen bzw. Deutschstämmigen (denn viele haben inzwischen einen südafrikanischen Paß) immer noch eine ganze Anzahl nicht begriffen, daß sich die Welt inzwischen verändert hat. Es muß wohl schwer sein, in den dortigen Verhältnissen als privilegierter Weißer, der immer von Schwarzen bedient worden ist, zu begreifen, daß diese Schwarzen nicht lediglich zum Dienen geboren sind, sondern daß sie wie alle Menschen das Recht haben, frei in ihrem eigenen Land zu leben. Und mehr noch: daß sie auch die Fähigkeiten dazu haben.
1973 hatte ich eine Aktion begonnen zur Unterstützung der damals streikenden Arbeiter aus dem Norden Namibias, aus Ovamboland. Nach dort gültigem südafrikanischem Gesetz ist es den Arbeitern bei Gefahr ihres Lebens verboten zu streiken. Die Leute aus dem Ovamboland wagten nun zum erstenmal, gegen die unmenschlichen Arbeits- und Lebensbedingungen in den Minen aufzustehen. Sie sind »Wanderarbeiter«, das heißt, sie müssen für ein Jahr Hunderte von Kilometern von ihrer Heimat entfernt in miserablen Unterkünften eng zusammengepfercht auf dem Gelände der Mine hausen und werden gering entlohnt. Dennoch müssen sie froh sein, wenn ihr Arbeitsvertrag nach einem Jahr verlängert wird, er ist für viele die einzige Verdienstmöglichkeit. Die Familien müssen zu Hause versuchen, sich durchzuschlagen.
Ich wollte mit meinem Aufruf Geld für die Streikenden und ihre Familien sammeln und fand ein ziemlich breites Echo. Ich brachte damit die Deutschen in Namibia in Zorn. Als ich eineinhalb Jahre später dorthin kam, fand ich die Hauptstadt Windhuk plakatiert mit meinem Bild und dem Aufruf: »Arm in Arm mit Terroristen! Schmeißt sie raus!«
In Namibia gab es schon seit einiger Zeit (und bis heute) die Befreiungsbewegung SWAPO, deren Mitglieder zum großen Teil Ovambos sind. So war die Stimmung der rechtsfaschistischen Gruppierungen geradezu

feindselig gegen mich. Anderen waren die Plakate peinlich, und sie brachten mir viel Freundlichkeit entgegen. Ich bekam die Gelegenheit, mit Deutschen im Alter zwischen 30 und 40 Jahren einen Abend lang über die Situation des Landes Namibia zu diskutieren. Einige von ihnen waren erst seit einigen Jahren dort, andere gehörten zu alten Südwester-Familien. Alle standen aktiv im Berufsleben; sie konnten sich kaum vorstellen, daß Namibia – wenn es schon so heißen muß – (so beschlossen 1968 von den Vereinten Nationen) einmal eine schwarze Regierung haben könne, daß Schwarze überhaupt im Land mitreden sollten.

»Sie sind so primitiv, davon machen Sie sich keine Vorstellung«, wurde mir gesagt, und »sie wollen ja gar nichts anderes, als möglichst wenig arbeiten und ihren Lohn vertrinken.«

»Haben Sie denn mal versucht«, fragte ich, »mit den Schwarzen über Ihre gemeinsame Zukunft ernsthaft zu sprechen?«

»Das ist unmöglich! Dazu sind die gar nicht fähig!« war die Antwort.

»Und deshalb gibt es jedenfalls, sollten sie je an die Macht kommen, eine Katastrophe.«

Die Schwarzen ihrerseits, als ich sie fragte, ob sie mit den Weißen schon versucht hätten zu sprechen, da doch die Zukunft ganz sicher gemeinsam bewältigt werden müsse, antworteten: »Die Weißen sind nicht in der Lage, politisch zu denken, sie haben kein politisches Konzept; mit ihnen kann man nicht reden!«

Aber sie hofften und hoffen fest auf die Zukunft, in der ihr Land endlich in ihre Hände gegeben wird; sie versicherten, sie dächten nicht daran, die Weißen außer Landes zu jagen, denn auch sie seien, wenn sie sich dazu bekennen werden, Namibier. Zudem sei ihre Mithilfe, das Land in die Unabhängigkeit zu führen, unentbehrlich.

Gleichzeitig waren die Deutschen, mit denen ich sprach, voll Besorgnis, was aus ihnen werden sollte, falls die bisherigen, für sie so sorglosen Verhältnisse sich ändern sollten. Verschiedene hatten schon einen Besitz in Südafrika gekauft, viele versuchten, ihren deutschen Paß wieder zu bekommen. Sie fragten mich: »Was wird die Bundesregierung tun, um uns zu helfen, wenn ›es hier losgeht‹?«

»Nichts«, sagte ich, »außer daß sie denjenigen von Ihnen, die in unsicherer Lage nach Deutschland zurück wollen, dazu helfen wird, wie sie das in Krisenzuständen überall auf der Welt tut.«
»Aber wir haben hier«, sagten sie, »doch unser Leben lang gearbeitet, wir haben doch etwas aufgebaut, dafür muß es doch Schutz geben!«
»Die Bundesrepublik Deutschland hat keine Kolonien, wer hier leben will, tut das wie überall auf der Welt in eigener Verantwortung«, sagte ich. Das wurde nur schwer verstanden.
Bis heute hat Südafrika Namibia nicht aus seiner Herrschaft freigegeben. Zuletzt hat die fehlgeschlagene Konferenz in Genf im Januar 1981 in erschreckender Weise deutlich gemacht, daß es auch nicht die Absicht hat, das zu tun. Die Befreiungsbewegung der schwarzen Bevölkerung erklärte sich mit den international vorgeschlagenen Kompromissen einverstanden. Nicht so Südafrika.
So wird sich vermutlich der Befreiungskampf im Untergrund verschärfen – und gerade dem Blutvergießen sollte in Genf ein Riegel vorgeschoben werden! Schon seither sind die Funktionäre der Bewegung aufs äußerste bedroht, nicht wenige sind im Gefängnis; und die schwarze Bevölkerung wird in einer Weise bedrängt und eingeschüchtert, die grausam und raffiniert zugleich ist.
Inzwischen wird weiterhin der Reichtum an Bodenschätzen zum Nutzen der Weißen ausgebeutet. Die Schwarzen können nichts tun gegen diesen Diebstahl ihres Eigentums – sie sind lediglich als schlecht entlohnte und übel behandelte Arbeitskräfte an der Ausbeutung beteiligt.
Zuletzt noch ein Blick auf Südafrika – ein riesengroßes, sehr schönes Land, voller Reichtümer. Dort regiert ein weißes Minderheitsregime über eine sehr große schwarze Mehrheit: etwa 4 Millionen Weiße bilden allein die Regierung, haben allein das Wahlrecht, während rund 20 Millionen Nichtweiße (Schwarze, Farbige, Inder, alle nach den Landesgesetzen streng voneinander getrennt) keinerlei Staatsbürgerrechte haben. Sie dürfen nur da leben und arbeiten, wo man es ihnen gerade erlaubt, das heißt, wo sie gebraucht werden, um die nach dem Muster westlicher Staaten aufgeblühte Industrie in Gang zu halten oder wo sie den Weißen

als Hauspersonal dienen. Sie werden willkürlich gekündigt und verlieren damit auch ihr Wohnrecht in den schwarzen Vorstädten. Das sind trostlose und primitive Siedlungen, in denen viel zu viele Menschen zusammengepfercht leben, weil sie auf Arbeit angewiesen sind. Zwar liegen diese Vorstädte nicht allzuweit von den weißen Städten, aber es gibt nur schlechte Verkehrsverbindungen dorthin, so daß die Menschen, um rechtzeitig bei der Arbeit zu sein, um 4 Uhr morgens ihre Häuser verlassen müssen und auch spät erst zurückkehren. Zu einer gewissen Stunde am Abend aber müssen alle Schwarzen aus den weißen Straßen verschwunden sein – bei Strafe. Es gibt nichts, wofür ihnen nicht empfindliche Strafen drohen. So müssen sie immer ihren Paß bei sich tragen, der bescheinigt, wo sie arbeiten und wo sie Wohnrecht haben – täglich wird das überall kontrolliert. Wer ihn nicht bei sich hat, weil er vielleicht erst Arbeit sucht, wird nicht gerade zimperlich auf Polizeilastwagen geladen und erst einmal festgesetzt. Die weiße Bevölkerung (vor gut 300 Jahren eingewanderte Holländer, später eingewanderte Engländer und endlich Deutsche) kümmert sich nicht darum, wo am Abend das Heer der schwarzen Arbeiter bleibt – Hauptsache, sie sind von der Straße der Weißen. Sie kennen die Elendsvorstädte nicht, es gibt auch keine Wegweiser dorthin.

Wer als Schwarzer nicht in der Stadt Arbeit findet, oder wen man dort nicht mehr brauchen und in der Vorstadt nicht mehr dulden will – Alte, Arbeitslose –, wird »zurück« in seine angebliche Heimat, sein »homeland«, wie man dort sagt, abgeschoben. Mancher hat diese Heimat nie gesehen vorher, aber die Regierung geht von der Vorstellung aus, daß jeder Schwarze einer bestimmten Volksgruppe angehört und jederzeit »zurückkehren« kann. Die Homelands sind ganz zersplitterte Gebiete, grundsätzlich in wenig fruchtbaren und vollkommen unerschlossenen Landstrichen. Sie sind wirklich die Armenhäuser eines überreichen Landes; die meisten Bewohner fristen ihr Leben dort in bitterer Armut. Aber weil die südafrikanische Regierung sie in den »weißen Regionen«, obgleich sie ohne schwarze Arbeitskräfte dort gar nicht auskommen könnte, nicht als Staatsbürger gelten lassen will, machte sie zum Schein

ein Homeland nach dem anderen »unabhängig«, und dort soll jeder Schwarze sein Staatsbürgerrecht ausüben dürfen.
Seit dem Sommer 1976 liest man auch in unseren Zeitungen mehr über Südafrika. Der Anlaß dazu war der Aufstand in der schwarzen Vorstadt Soweto, die im Vorfeld von Johannesburg liegt. Zum erstenmal protestierten Jugendliche gegen ihre miserable Schule – viele Hunderte Kinder und junge Leute wurden getötet oder schwer verletzt. Warum das? Die Schulen sind enge Baracken, in denen 60 bis 80 Schüler in kleinen Räumen zusammengedrängt sitzen; die Lehrer haben kaum eine Ausbildung gehabt, die über das Erreichen der sogenannten »Matrik« (Abitur) hinausgeht. Dabei ist die Matrik der schwarzen Schüler sehr viel unqualifizierter, als die der weißen. Es gibt auch so gut wie keine Lehrmittel; Naturwissenschaften können deshalb fast gar nicht unterrichtet werden.
Die Regierung erklärt diese Zustände so: *»Die Schwarzen zahlen nicht genug Steuern, also können sie selbst nicht genug zur Erziehung ihrer Kinder beitragen. Die Weißen zahlen schon verhältnismäßig viel für die Schwarzen; zudem gibt es schon sehr viele schwarze Schulen.«*
In der Tat gibt die Regierung für jedes schwarze Schulkind etwa 30 Rand im Jahr aus – 1 Rand ist etwa so viel wie 3 DM. Für jedes weiße Kind werden 400 Rand ausgegeben bei Schulgeld- und Lehrmittelfreiheit. Schwarze müssen Schulgeld bezahlen, dazu die Schulbücher, Hefte und alles, was in der Schule gebraucht wird, und die vorgeschriebene Schulkleidung kaufen. Wie sollen schwarze Eltern, die in ihrer großen Mehrzahl arm sind, auch noch höhere Steuern bezahlen? Oft können sie einfach nur ein oder zwei ihrer Kinder zur Schule schicken, oder jedes nur für ein bis zwei Jahre; eine Schulpflicht gibt es für Schwarze nicht.
Die Buren, das sind die Abkömmlinge der eingewanderten Holländer, bilden die Regierung, ihre Sprache ist das »Afrikaans«.
Im Sommer 1976 sollte auf einmal Afrikaans als Unterrichtssprache für schwarze Schüler Pflicht werden. Das bedeutete, daß die verhaßte Sprache der Peiniger verbindlich werden sollte, aber auch, daß manche Fächer gar nicht unterrichtet werden könnten, weil die Lehrer dazu nicht in der Lage gewesen wären. Schon längst empören sich die jungen

Schwarzen dagegen, daß ihre Lebenschancen einschneidend verkürzt werden durch ihre schlechte Schulausbildung. Seit damals reißen deshalb die Unruhen an den Schulen nicht ab.
Aber die Regierung hat nicht im Sinn, Verbesserungen vorzunehmen; sie hängt der alten Überzeugung an, es genüge für Schwarze, die ja nur dienende Positionen im Lande einnehmen sollen, eine begrenzte Ausbildung, die sie befähigt, den Anweisungen weißer Vorgesetzter nachzukommen. Als ich den Erziehungsminister danach fragte, ob es nicht Zeit sei, für alle die gleiche Schulausbildung einzuführen, antwortete er: Nein, das sei es nicht, was die südafrikanische Regierung wünsche; sie gehe vielmehr dem Grundsatz nach, jeder Bevölkerungsgruppe die zu ihr passende und für sie wichtige Ausbildung zu geben; dies sei bedeutend menschlicher als irgendeine Gleichmacherei.
Die neue Schikane (so wurde es von den schwarzen Jugendlichen aufgefaßt), Afrikaans in den Schulen als Pflichtunterrichtssprache einzuführen, brachte die Empörung zum offenen Ausbruch. Tausende demonstrierten auf den Straßen und gingen nicht zur Schule. Die Eltern, wohl zunächst erschrocken über den verzweifelten Mut ihrer Kinder, versuchten nicht, sie zu hindern, obgleich sie die Tragweite dieser Auflehnung erkannten. Die Kinder zogen voran und sangen das Kampf- und Trostlied der Schwarzen: »Gott schütze Afrika, Gott schütze seine Führer«, und die Polizei schoß in die wehrlose jugendliche Menge . . .
Schon wenige Stunden nach Beginn der Demonstration waren Väter und Mütter unterwegs, um ihre toten Kinder zu suchen. Die Polizei warf sie einfach auf Lastwagen. Nie hat man erfahren, wieviele Kinder wirklich getötet worden waren. Die Schulen blieben leer; die Schüler forderten ihre Eltern auf, auch nicht zur Arbeit zu gehen. Öffentlich verlangten sie, daß die Verhafteten freigelassen werden, und noch deutlicher sprachen sie ihre Forderung nach gleichwertiger Erziehung aus: Abschaffung ihrer minderwertigen Schulen. Indessen hetzte die Polizei die Bewohner Sowetos gegeneinander auf, steckte selber Schulen und andere öffentliche Einrichtungen in Brand und beschuldigte die Streikenden.

Es war ein ganz neues Verhalten schwarzer Jugendlicher, sich aus der strikten Gehorsamspflicht gegen die Eltern zu lösen; es geschah sozusagen über Nacht, daß sie politische Entscheidungen trafen. Sie überzeugten die zunächst unsicheren und betroffenen Eltern von der Notwendigkeit ihrer Aktionen. »Die Jugend zeigt uns den Weg«, sagten die Eltern; sie hatten selber schon zu lange resigniert.
Die weiße Bevölkerung konnte überhaupt nicht verstehen, was vorging; für sie waren Aufstand und Demonstration lediglich ein Beweis dafür, daß die Schwarzen politisch unreif und verantwortungslos waren: grundlos hatten sie blutige Unruhen angestiftet! Die überwiegende Meinung war: man müsse sie hart strafen, vielleicht am besten Bomben auf Soweto werfen. Und man schaffte sich Gewehre an, um für alles gerüstet zu sein.
Es ist wohl bezeichnend, daß nicht wenige von ihnen bis dahin nie von einem Ort namens Soweto gehört hatten.
Bei meinem nächsten Besuch in Südafrika traf ich Mütter in Soweto: sie erzählten, wie die Polizei bei der Beerdigung ihrer Kinder zwischen die Leidtragenden schoß – es habe sich um eine unerlaubte Demonstration gehandelt, war die Ausrede.
Warum geht nun diese letzte Bastion weißer Herrschaft über schwarze Menschen uns in Europa, in der Bundesrepublik etwas an, vielleicht sogar mehr als Unrechtsregime in anderen Teilen der Welt? Wie oft ist mir während meiner Abgeordnetenzeit gesagt und geschrieben worden: »Was fällt Ihnen ein! Kümmern Sie sich gefälligst um Mißstände im eigenen Land!«, oder »Sie haben keine Ahnung, wie gut es den Schwarzen bei uns geht.«
Ich finde die Gründe einleuchtend, die gerade ein deutsches Interesse an Südafrika notwendig machen. Auch in Südafrika leben viele Deutschstämmige und Deutsche. Die meisten fügen sich in das dortige Regierungssystem nahtlos ein. Über die Schwarzen und deren unwürdige Lebensumstände wissen sie wenig, sie machen sich keine Gedanken darüber. Statt dessen teilen sie das angenehme Leben der Bevorzugten im Lande (wer hat bei uns schon Hauspersonal?), und wer täte das nicht

gern! Die meisten Deutschen arbeiten für deutsche Firmen, die in Südafrika sogenannte Tochterfirmen eingerichtet haben – es gibt deren gegen 300. Selbstverständlich geht eine Firma gern in ein Land, das eine stabile Regierung hat. Nach dem Sowetoaufstand hielten sich ausländische Geschäftsleute eine Zeitlang merklich zurück. Sie gehen auch gern dahin, wo die Arbeitskräfte billig sind, wo so gut wie keine Sozialabgaben zu leisten sind, wo aufmüpfige Leute sofort entlassen werden können, wo sie sich nicht mit Gewerkschaften plagen müssen und wo ihnen günstige Steuerbedingungen winken. Dies alles trifft für Südafrika zu. »Hier herrscht noch Pioniergeist!« rief mir ein Geschäftsmann begeistert zu.

Der deutsche Handel mit Südafrika steigt stetig an; die Bundesrepublik steht jetzt an zweiter Stelle in der Größenordnung der Staaten, die mit Südafrika Handel treiben, und ist dabei, demnächst die erste Stelle einzunehmen.

Warum sollen wir unsere Firmen nicht in Südafrika profitieren lassen? Ihr Gewinn kommt ja auch der Bundesrepublik wieder zugute. Dies ist tatsächlich der wunde Punkt. Wir brauchen Export und Auslandsinvestitionen für unsere Wirtschaft. Aber unsere Handels- und Geschäftsbeziehungen zu Südafrika, die von beträchtlichem Ausmaß sind, stützen gerade entscheidend das koloniale, rassistische System dort. Je besser unsere Geschäfte laufen, desto sicherer sitzt das seinerseits davon profitierende Regime im Sattel und desto sicherer gibt es für die schwarze Mehrheit keinerlei Veränderung. Im Gegenteil, die letzten Jahre haben immer neue Gesetze und Verordnungen gebracht, die das Leben der Nichtweißen, vor allem das der Schwarzen, immer noch bedrückender und menschenunwürdiger machen.

Die Bundesregierung sagt immer wieder, daß sie den Rassismus nicht unterstützen will, sie ist Gegner des Rassismus; danach fragt die bundesdeutsche Wirtschaft wenig. Kann sie danach fragen? Alle Bemühungen von deutscher, von europäischer Seite, den deutschen, den europäischen Firmen in Südafrika ein humanes, die Lage der schwarzen Arbeiter berücksichtigendes Verhalten abzufordern, haben bisher wenig gebracht.

Gesundheit und Arbeit – Voraussetzungen zum Leben
Ein Projekt in Tansania und Albert Schweitzers Lambarene

Eines Tages traf ich in Bonn einen merkwürdigen Mann: Während sich eine lebhafte Gesellschaft im Raum drängte, saß er allein im Halbdunkel an der Wand. Sein sonnenbraunes Gesicht war fast von Bart umrahmt, seine Augen blickten ruhig und aufmerksam. Als er mir auffiel, traf mich sein fester, kühler Blick, und im selben Augenblick kam der Gastgeber dazu und sagte: »Ich wollte Euch gerade miteinander bekanntmachen und sehe, daß Ihr schon dabei seid: Dies ist Frank, dies ist Lenelotte. Ich denke, Ihr habt einander einiges zu sagen.« Und damit tauchte er wieder in der Menge seiner Gäste unter.

Frank erhob sich schwerfällig, trat einen Schritt vor und reichte mir seine Hand. Es blieb uns nun überlassen, herauszufinden, was wir einander zu sagen hatten; ich wußte ja nicht, wer Frank überhaupt war. Er lächelte ein wenig und sagte: »Ich bin im Vorteil, wie mir scheint, ich weiß zumindest, wer Sie sind. Ich komme aus Tansania.«

Wir setzten uns zusammen in eine ruhige Ecke; ich sagte ihm, daß ich demnächst nach Tansania fahren werde, und daß ich daran interessiert sei, einige Entwicklungsprojekte dort kennenzulernen; ich möchte aber auch versuchen, mir ein Bild von der Situation im Land überhaupt zu machen, um abschätzen zu lernen, wie die Bemühungen der Entwicklungshilfe dort aufgenommen würden und was sie bewirkten. Er sah mich weiter mit seinem ruhigen, forschenden Blick an und sagte eine Weile nichts. Mir kam das ein wenig eigentümlich vor, aber dann sagte

er leise, fast beiläufig: »Ich könnte Ihnen helfen. Wenn Sie wollen, werde ich Sie am Flugplatz in Empfang nehmen und zu Ihrer Verfügung stehen.«
Ich muß ihn wohl sehr überrascht angesehen haben, denn nun lächelte er wieder und fügte hinzu: »Ich kann mir meine Zeit einteilen.«
Was für ein wertvolles Angebot ich da bekommen hatte, konnte ich noch nicht wissen, aber am Ende dieses Abends ahnte ich schon etwas davon, und in Tansania wurde es vollends deutlich. Denn ohne Frank hätte ich dort soviel nicht gesehen.
Frank hatte in einer deutschen Großstadt gelebt. Eines schönen Tages hatte er das Leben in unserer Zivilisation ziemlich satt gehabt. Als Arzt hatte er sich mit den Krankheiten in der dritten Welt beschäftigt, besonders mit denen der Kinder, und er beschloß, hinzugehen und diese Krankheiten zu studieren, um Abhilfe zu finden. Er ging als sogenannter »Experte« nach Tansania und wurde mit einer entsprechenden Aufgabe im Gesundheitsdienst des Landes betraut. Er fand, daß viele Krankheiten dort wirklich anders waren und daß Medikamente, wie er sie von zu Hause kannte, in den meisten Fällen nicht angebracht schienen. Die Kinder bei uns haben ja kein Sumpffieber, keine Malaria, keine Flußblindheit und was es sonst noch geben mag. So beschäftigte er sich intensiver mit den Lebensumständen der Kinder, denn viele, die eigentlich nicht krank waren, fand er in einem kraftlosen und apathischen Zustand.
Das afrikanische Kleinkind kennt keine Wiege und keinen Kinderwagen, es schmiegt sich an den Körper der Mutter, von einem Tragetuch festgehalten. Sie läßt es nicht zu Hause, wenn sie Wasser holt, wenn sie auf den Acker geht, wenn sie auf dem Markt ihr Gemüse verkauft; es ist stets in seinem Tuch, dessen Zipfel sie über das Köpfchen schlägt, wenn die Sonne gar zu heiß scheint. Ich habe selten ein solches Kind schreien hören; wenn es hungrig ist, gibt ihm die Mutter sofort die Brust – »sie stillt« es. Nach den modernen Erkenntnissen der Psychologie ist der ununterbrochen enge Körper- und Hautkontakt mit der Mutter das allerbeste für ein Kind; vielleicht ist das ein Grund dafür, weshalb die afrikanischen Kinder sehr viel ruhiger sind als unsere Kinder. Wenn das näch-

Kind aus Togo

ste Geschwisterchen geboren ist und das Baby auf seinen eigenen Beinchen sicher wird, bleibt es an Mutters Hand und Rock und allmählich auch in der Obhut größerer Geschwister oder der Großmutter, immer in der gewohnten Umgebung.
Woher kommt nun der oft so schlechte Gesundheitszustand, fragte sich Frank. Er ließ sich von den Müttern zeigen, was die Familie ißt, und fand heraus, daß die Ernährung, selbst wenn sie mengenmäßig ausreicht, meist einseitig ist, daß wichtige Aufbaustoffe ganz fehlen. Frank sagte sich, daß er hier ansetzen müsse, wolle er die Gesundheit der Kinder, und damit die der ganzen Familie, bessern. Er versuchte, den Müttern klar zu machen, daß Kinder Vitamine brauchen, und riet ihnen zu Gemüse; sie bauten im Dorf ja selber Tomaten, Sojabohnen und süße Kartoffeln an. Aber diese kostbaren Dinge wurden meist verkauft, denn damit erwirbt die Mutter ein geringes eigenes Einkommen für die Familie. Die Grundnahrung ist oft Mais oder Hirse.
Frank wußte mit einer der deutschen Stiftungen, die mit dem Bundesministerium für wirtschaftliche Zusammenarbeit in engem Arbeitskontakt stehen, ein Projekt zu entwickeln, das eine gesunde Ernährung möglich machte. In den Usambarabergen wurde es ein Muster ländlicher Entwicklung. Als er mich dort hinführte, war er selbst schon nicht mehr der Leiter: Änderungen in der Trägerschaft des Projektes hatten nach mehreren Jahren einen neuen Leiter und eine andere Verwaltung eingesetzt; auch die tansanische Seite, die gleichberechtigt beteiligt war, hatte Änderungen vorgenommen, die alle zusammen eine gewisse Unsicherheit brachten und dem Projekt zu schaffen machten. Das sind Folgen, die vielerorts auftreten, da ein Projekt ja nicht über viele Jahre in den gleichen Händen bleiben kann. Manchmal wirkt sich das negativ, manchmal positiv aus.
Dieses Projekt breitete sich über eine ländliche Region von ungefähr 500 Quadratkilometern aus und bestand seit etwa fünf Jahren. An einem Bachlauf führte eine gewundene Straße auf etwa 1200 m Höhe. Auf beiden Seiten des Baches waren Äcker entstanden, auf denen vor allem Gemüse angebaut wurde, aber auch Getreide. Kleine Siedlungen fand

man in ziemlich dichter Reihenfolge, die natürlich auch von Hühnern, Ziegen und Schafen bevölkert waren. Neu für die Afrikaner waren die größeren Gemüse-Äcker, auf denen sie soviel ernteten, daß regelmäßig größere Mengen in die Stadt verkauft werden konnten. Für den Transport waren ein paar Lastwagen angeschafft worden, und in der Stadt hatte Frank Verträge mit festen Abnehmern für das Gemüse geschlossen.
Die Lastwagen wurden sehr stark beansprucht, weil die Straßen über die Maßen schlecht waren; so hatte man eine Autowerkstatt zur Instandsetzung der Wagen eingerichtet. Zwei deutsche Entwicklungshelfer arbeiteten dort als Fachleute und bildeten nebenher Lehrlinge zu Automechanikern aus. An mehreren Orten im Projekt verstreut gab es kleine Werkstätten, in denen das Gerät für den Landbau so einfach wie möglich und daher auch sehr billig, hergestellt wurde. So hatte einer der deutschen Mechaniker ausprobiert, wie man aus Weißblech, das sehr billig in der Stadt eingekauft und mit den Lastwagen zurückgebracht werden konnte, Gießkannen herstellen konnte. Solche Gießkannen wurden an die Leute verteilt, aber auch zum Nutzen der Projektkasse in die umliegenden Ortschaften außerhalb verkauft. Ebenso wurde anderes Gerät hergestellt, einfach, zweckmäßig und für die Käufer billiger als Fabrikware, die sie in der Stadt hätten kaufen müssen. In einer der Werkstätten war ein Blasebalg für die Dorfschmiede hergestellt worden, ebenso ein Gerät, um Mais zu säen und eine Ziegelpresse aus Beton. Es gab auch einen eigenen Textilladen: Da wurden im Großeinkauf erworbene Stoffe mit Batikmustern verziert, da wurden Kleider genäht und praktische Arbeitskleidung gefertigt, auch Wolle wurde gesponnen und zu praktischer Kleidung gestrickt. Es konnte in den Bergen sehr kühl werden, und Frank hatte gefunden, daß wärmere Kleidung dringend notwendig sei.
Sehr wichtig fand ich die Mütter-Schulen, in denen junge Mädchen kochen lernten und in Gesundheitslehre unterrichtet wurden. Man hatte dort ein oder zwei moderne Herde aufgestellt, an denen sie arbeiten lernten. Im Vorraum waren die üblichen Feuerstellen, damit die Mädchen und jungen Frauen auch zu Hause ihre neu erlernten Kenntnisse

nutzen konnten. In einem Gesundheits-Zentrum sah ich zwei Krankenschwestern, die Untersuchung und Beratung für Mütter durchführten. Das Zentrum bestand aus ein paar Lehmhütten; die Küche hatte gar keine Wände, sondern nur ein von Pfählen gestütztes Dach. In dieses Zentrum brachten die Mütter ihre kranken Kinder und lernten von den Schwestern, was sie mit ihnen tun mußten. Außerdem wurde ihnen gezeigt, wie sie die Mahlzeiten herstellen sollten. An der großen Feuerstelle hatte jede ihren eigenen Kochtopf stehen. Im Gang zur Küche hingen an der Wand Tafeln, auf denen in bunten Bildern gezeigt wurde, was ein Kind, soll es gesund aufwachsen, zum Frühstück, zum Mittag und zum Abend essen soll: etwa eine Handvoll Hirse mit Gemüse oder ein Ei, ein Fisch, ein Töpfchen Sojamehl, Milch. Das mußten die Mütter sich einprägen und üben. Mit ihren kranken Kindern blieben sie oft mehrere Tage dort.

Auf einer ausgedehnten Anhöhe lag eine Landwirtschaftsschule. Hier lernten Jungen und Mädchen Feldanbau und Viehhaltung. Das ganze Projekt sollte sich ja in absehbarer Zeit ohne Zuschüsse aus eigener Produktion tragen und ganz in afrikanische Hände übergehen. Jeder Deutsche in leitender Stellung hatte einen gleichrangigen Afrikaner neben sich, einen sogenannten »counterpart«. Der sollte sich einarbeiten und später fähig sein, die Stelle alleine auszufüllen.

Nach vielen Jahren hartnäckiger Arbeit hatte Frank hier seinen Traum verwirklicht. Es schien, als sei es ihm wirklich gelungen. Er hatte mit seinen Helfern ein System entwickelt, das in einfacher und kostensparender Weise die Bedingungen der Arbeit und die der Gesundheit miteinander verbindet. Die ineinandergreifenden Aktivitäten zum Nutzen dieser beiden Bereiche ermöglichte es der Bevölkerung dieser ländlichen Region, sich selbst aus eigenen Antrieb heraus zu entwickeln. »Man kann in einem Entwicklungsland«, sagte Frank »nicht eine Sache allein verbessern wollen; es ist zu vieles notwendig.« Und hier war wirklich erreicht worden, was man oft in schönen Reden hört: Den Menschen war die Möglichkeit gegeben worden, sich selber zu helfen.

Ein solches Projekt muß natürlich auf Jahre hin angelegt werden, und es

sollte beispielgebend sein für ähnliche Projekte in anderen Regionen. Man kann dergleichen nicht in kurzer Zeit aufbauen wollen; die Einheimischen müssen über längere Zeit mit den ihnen zufallenden Funktionen vertraut gemacht werden und den Sinn der Maßnahmen einsehen lernen, denn nur dann sind sie in der Lage, ein Projekt weiterzuführen und weiterzuentwickeln. Gerade hier scheint mir eine Schwierigkeit zu liegen, die nur in wenigen Fällen wirklich glücklich gelöst werden konnte. Das Problem ist aber um so brennender, weil die deutschen Helfer gewöhnlich nur zwei bis drei Jahre im Projekt bleiben sollen.
Hier in den Usambara-Bergen war es wirklich gelungen, den Gesundheitszustand der Kinder ganz entscheidend zu verbessern und damit auch die Lebenssituation der Bevölkerung überhaupt. Nachdem Frank aus diesem Projekt ausgestiegen war, bekam er von der tansanischen Regierung einen anderen, ähnlichen Auftrag; auf seine Tatkraft und seine Erfahrung wollte sie nicht verzichten.
Auf der Reise in die Bergregion hatte ich Frank besser kennengelernt; wir waren danach noch öfter mit seinem Landrover unterwegs. Die meisten Straßen konnte man kaum »Straßen« nennen: Sie waren löcherige, schlechte Spuren, quer durch Dickicht und Bachbetten. Frank kannte sich überall gut aus und fand auch da weiter, wo ich überhaupt keinen Weg mehr ausmachen konnte.
Wir fuhren oft lange Strecken, ohne miteinander zu reden. Für mich gab es viel zu sehen in der fremden Landschaft. Dann wieder erzählte Frank von Land und Leuten. Mit den Menschen, die wir in Dörfern oder Projekten besuchten, war er gut Freund: Er sprach ihre Sprache (Suaheli), und sie hatten offenbar Vertrauen zu ihm und zu seinen Ratschlägen.
Einmal gegen Abend kamen wir in ein Dorf in einer buschreichen Niederung. Alle Bewohner hatten sich in der Versammlungshalle eingefunden, einem großen rechteckigen Raum, in dem nur einige Bänke an der Wand entlang standen. Dort durfte ich sitzen. Frank begrüßte die Ältesten und nickte den anderen zu. Die Frauen saßen beisammen, die Jugendlichen standen dahinter. Nachdem er einiges mit ihnen geredet hatte und offenbar erklärt hatte, wer ich sei und warum ich hier sei,

forderte er mich auf, selbst zu den Leuten zu sprechen. Ich habe ja gewiß schon öfter in Versammlungen gesprochen, aber hier kam mir das doch ein wenig eigentümlich vor. Ich zögerte ein wenig, aber alle Blicke hingen an mir, und so nahm ich mich zusammen und sprach wenige Sätze über Entwicklungshilfe als partnerschaftliche Zusammenarbeit. Ich fühlte mich unsicher, weil ich noch so wenig von Afrika und seinen Menschen wußte. Was mochten sie sich bei meiner Rede denken? Frank übersetzte, und offensichtlich tat er das in einem so positiven Sinn, daß alle sehr zufrieden aussahen.

Inzwischen war es längst dunkel geworden, ein paar Lämpchen waren gebracht worden, und ein Getränk wurde herumgereicht. Frank drängte zum Aufbruch, und ich war ihm dankbar, denn das Getränk roch unangenehm säuerlich. Ich hatte mich nicht überwinden können, mehr zu tun, als die Lippen an den Becherrand zu setzen, ohne zu trinken.

Wenn es in Afrika Abend wird, dann gibt es eigentlich keine Dämmerung: In kürzester Zeit ist es tiefdunkle Nacht. Frank fuhr sicher und verhältnismäßig schnell. Er hatte mich für diesen Abend in sein Haus eingeladen. Nördlich der Stadt lag es fast direkt am Strand, nur von einem dichten, übermannshohen Schilfgürtel vom Wasser getrennt, ein kleines Holzhaus mit großer Terrasse. Freunde hatten das Essen vorbereitet, und bald saßen wir gemütlich auf der Terrasse im Schein von ein paar Windlichtern. Der leichte Nachtwind bewegte das Schilf. Es war noch sehr warm, und die frische Luft tat gut. Auch hier ließ Frank mehr seine Freunde reden, als daß er selber das Wort führte. Ich glaubte allmählich zu verstehen, daß seine intensive Arbeit mit der afrikanischen Bevölkerung, sein Eingehen auf ihr Leben und ihre Bedürfnisse ihn so tief hineingeführt hatten in afrikanisches Leben, daß er selbst etwas davon angenommen hatte. Er unterschied sich von allen Europäern, die ich in Afrika kennengelernt habe, wenn auch manche darunter eigenartig und bemerkenswert genug waren. Er wollte nicht als ein Fremder von außen kommend die Afrikaner Fremdes lehren. Er verstand, daß das Neue mit ihnen selbst entwickelt werden müsse, und so verstand er sich nur als Helfer, der Anstöße gab.

In Tansania war damals die Ujama-Bewegung im Aufsteigen; Das ist der tansanische Sozialismus, wie Präsident Nyerere ihn formuliert hat. Er ergab sich für ihn aus der Notwendigkeit, sein ganzes Volk erst einmal für die Idee des Staatsaufbaues heranbilden zu müssen. Er sah, daß »frei sein« arbeiten heißt, gemeinsam vorgehen, Opfer bringen, damit der unabhängige Staat lebensfähig werde. Sein Erziehungsminister sagte damals: »Mit den Händen aufbauen, von unten nach oben.«
Einer seiner Grundsätze war, daß die Bewohner eines Dorfes gemeinsam anbauen, produzieren und gemeinsam ihre Produkte verkaufen sollten, um den größtmöglichen Gewinn aus dem Boden und aus ihrer Arbeit zu holen. Alle sollten sich beteiligen, einst verstreut liegende Siedlungen ließ er zusammenlegen, um diese Art der Bewirtschaftung in jedem Fall durchführbar zu machen. Der Dorfälteste bekam seine Befehle von der straff geführten Partei-Organisation. Die Regierungsbeamten in den einzelnen Regionen waren zugleich die zuständigen Parteifunktionäre.
Es gab aber Leute, die sich der gewaltsamen Umsiedlung widersetzten, andere wollten überhaupt nicht nach der Pfeife irgendeines Funktionärs, der ihnen auf die Finger sah, tanzen. Die Idee der Bewegung ließ sich so leicht nicht durchsetzen, wie sie sich der Theorie nach in Nyereres Reden anhörte. Nyerere aber setzt noch heute ganz entschieden auf die vorrangige Entwicklung der ländlichen Regionen, und damit hat er, auch nach der Meinung der europäischen Eintwicklungsexperten, recht. Nur kommt es wie überall auf die Umstände an, die man vorfindet. Sie bestimmen die Art und Weise, wie man versucht die Idee durchzusetzen.
Frank fuhr mich in ein Ujama-Dorf. Er hatte unseren Besuch dort vorher angekündigt, und als wir am frühen Nachmittag ankamen, wurden wir von den Bewohnern am Dorfeingang empfangen: Einige hatten auf uns gewartet, und blitzschnell war die Bewohnerschaft zusammengerufen. Dann ging es in einem richtigen Festzug auf den Dorfplatz. Einer der Ältesten erklärte mir, daß hier gemeinsamer Fischfang betrieben werde; ein neues Fischerboot sei eben fertiggeworden, und das sollte mir nun gezeigt werden. So setzte sich der Zug wieder in Bewegung, voran der

junge Lehrer, der mit Händeklatschen einen rhythmischen Gesang begann, in den alle Schulkinder einfielen. Männer und Frauen drängten zum Strand hinunter. Ich kam in dem tiefen Sand nur schlecht voran und zog mir deshalb schnell die Schuhe aus, die mir gleich einer der Begleiter abnahm und für mich trug. Auf dem Strand lagen mehrere ansehnliche Boote, dazwischen das neue, weiß mit blaßrotem, eingerolltem Segel. Es wurde mit Jubel vorgezeigt, viele kleine Jungen kletterten an Bord oder wateten durch die flache Brandung um das Boot herum. Der Fischfang in den einfachen Booten, die natürlich keinen Motor besaßen, ist im Küstengewässer nicht leicht: Manchmal geraten die Boote zu weit hinaus aufs Meer und haben Mühe zurückzusegeln. Bei plötzlicher Windstille bleiben sie wohl tage- und nächtelang draußen, und manches Boot ist nie wiedergekommen.

Wir gingen alle wieder ins Dorf zurück. Dort waren Bänke und Stühle zusammengestellt, und es gab eine Art Parteiversammlung mit allerhand programmatischen Reden. Die Frauen wollten nicht zurückstehen, sie wollten eine Hühnerfarm gründen und ihrerseits zum allgemeinen Einkommen beitragen. Der anwesende Parteifunktionär machte ihnen klar, daß jeder mitarbeiten müsse und daß es eine Schande für den sei, der sich verweigere. Frank übersetzte mir das Nötigste. Den gemeinsamen, fast wilden Ruf: »Uhuruh« verstand ich schon: Freiheit! Zum Abschied wurden mir vier riesengroße Fische geschenkt. Ich war ziemlich verblüfft, denn wo sollte ich diese lassen? Aber Frank wußte Rat. Nachdem ich mich gebührend bedankt hatte für dieses wertvolle Gastgeschenk, legten wir die Fische auf ein paar zusammengeflochtene Zweige in den Landrover; in der Hitze verbreitete sich bald ein fataler Fischgeruch, den wir die ganze Rückfahrt genießen mußten. Unterwegs schenkten wir drei Fische an Bekannte, den vierten aßen wir, soweit wir ihn bewältigen konnten, zum Abendessen bei Frank; er schmeckte sehr gut.

In Dar es Salaam zeigte mir Frank Krankenhäuser. Eines stammte noch aus der Kolonialzeit, ein altes, ziemlich verkommenes, sehr großes Gebäude. In riesigen Krankensälen lagen die Patienten, und mir schien alles, auch die Nebenräume, sehr unhygienisch zu sein. Auch die vielen

Menschen auf den Fluren und im Krankensaal, die auf den Betten bei den Patienten saßen oder hin und her gingen, störten mich. Aber Frank machte mir klar, daß ja gerade der Kranke in seinem hilflosen Zustand der inneren Stütze bedürfe, und so sei es hier ganz selbstverständlich, daß die Familie zu ihm kommt, bei ihm sitzt, ihm Mut zuspricht und ihm hilft. Wenn ich an die unpersönliche Atmosphäre und hilflose Verlassenheit denke, die der Kranke in unseren Krankenhäusern erleiden muß, so kommt mir dies allerdings sehr viel menschlicher, wenn auch nicht problemlos vor.
Dieses alte Krankenhaus hatte lange keine Reparatur oder bauliche Verbesserung erfahren; man benutzte es einfach weiter. Dann führte mich Frank zu einem ganz modernen Gebäude: ein riesengroßes Krankenhaus, von einem europäischen Land als Entwicklungshilfe-Projekt gebaut. Hier gab es die neuesten und teuersten Geräte und Operationssäle, die wie Theaterbühnen wirkten. Alles war vom Besten und der neuesten Technik, wie man es auch bei uns nicht in jedem Krankenhaus finden kann. Ich war voll Bewunderung: Da hatte sich eines unserer europäischen Nachbarländer die Sache wirklich etwas kosten lassen. Aber schon kamen mir Zweifel: Ist das sinnvoll in einem Land, wo es an allem fehlt? Und Frank gab mir recht. Ein solches Haus hilft nicht den Kranken im Lande; hier können nur wenige Bevorzugte durch speziell ausgebildete Fachärzte behandelt werden, und Fachärzte waren zunächst nur wenige Europäer wie vermutlich auch das Personal, das die wertvollen Apparate benutzen und warten konnte. Gemessen am Bedarf des Landes ist ein solches Gebäude und seine Einrichtung viel zu teuer. Es ist zwar ein Prunkstück, etwas zum Herzeigen, aber nichts Praktisches, nichts, das dem Lande und seiner Gesundheitsvorsorge und -fürsorge wirklich voranhilft. Aber dem Land verursacht seine Unterhaltung ungeheure Kosten. Und was soll man mit den Geräten machen, wenn der Strom ausfällt oder zu schwach ist, wenn sie kaputtgehen? Reparieren kann sie dort niemand, auch weil die Ersatzteile fehlen.
Wie ganz anders arbeiten da Krankenstationen draußen im Land: Da ist vielleicht in einem Dorf eine europäische Krankenschwester allein auf

sich gestellt. Bei ihr holt jeder Rat, sie behandelt die üblichen Fälle selbst und entscheidet, wen sie über weite Strecken hinweg zum Arzt fahren muß. Es gibt auch Beratungsautos, die an bestimmten Tagen die Dörfer besuchen, Mütter beraten und Kinder untersuchen, oder wenn ein Arzt dabei ist, regelrechte Sprechstunden unter freiem Himmel abhalten. Solche Autos sind meist Spenden von einzelnen Organisationen oder Firmen aus Europa.

Eines der größten Probleme ist der Mangel an Ärzten und ausgebildetem medizinischem Personal. Zwar gehen europäische Ärzte als Experten in Entwicklungsländer, ebenso Krankenschwestern und medizinisch-technische Assistenten, aber sie können gar nicht alle Bedürfnisse erfüllen. Sie sollten vor allem Anstoß und Vorbild geben und in Afrika auch als Ausbilder arbeiten. Denn allmählich soll ja auch der Gesundheitsdienst in einheimische Hände übergehen. Tausende junger Männer aus Entwicklungsländern studieren Medizin in Europa und Amerika; viele füllen nach ihrem Studium Lücken bei uns an den Krankenhäusern, weil wir nicht genug Ärzte haben. Die Ärzte, die aus Entwicklungsländern stammen, werden dem hiesigen Standard entsprechend ausgebildet und im Vergleich zu dem, was sie in ihrer Heimat erwartet, auch hoch bezahlt. So ist es kein Wunder, daß mancher gar nicht daran denkt, nach Hause zurückzukehren, obgleich die Stipendien für ihre Studien Entwicklungshilfe waren und das Ziel hatten, die geringe Zahl ausgebildeter Ärzte in der Dritten Welt zu vermehren.

Zu Hause aber stünden sie als hochspezialisierte Fachärzte mehr oder weniger hilflos den weit zurückgebliebenen Arbeitsbedingungen im medizinischen Bereich gegenüber. Denn die ganz modernen Krankenhäuser, wie ich eines in Dar es Salaam zu sehen bekam, sind die absolute Ausnahme. Was den Arzt erwartet, ist vielleicht eine Krankenstation im Busch oder in einem kleinen Ort, wo er ganz auf sich alleine gestellt ist und wenig oder gar keine technischen Hilfsmittel hat. Und da kann er eigentlich nicht Facharzt sein, sondern er muß Doktor für alles sein, am vordringlichsten Doktor für Tropenkrankheiten.

Europäische Ärzte in Entwicklungsländern und Ärzte aus Entwicklungs-

Projekt in Tansania

ländern bei uns, die sich nicht zurückwagen. Dieser Widerspruch steht der Absicht, die Länder der Dritten Welt auch auf diesem Gebiet zur Selbständigkeit zu bringen, entgegen. So gibt es bei uns Bemühungen, den fertigen jungen Medizinern den Weg nach Hause bahnen zu helfen. Sie werden hier während ihrer Studienzeit mit deutschen Studenten zusammengeführt, und als Gruppe diskutieren sie ihre jeweilige Situation: ihre beruflichen Ziele, aber auch die Situation in ihren Heimatländern. Am Ende der Ausbildung veranstalten sie dann selbst Seminare, in denen die Rückkehr vorbereitet wird; sie planen auch bestimmte gemeinsame Projekte: ein ärztliches Zentrum, den heimatlichen Bedingungen angepaßt, oder ein kleines Krankenhaus, dessen Wirkungskreis weit ins Land hineinreicht. Die deutschen Teilnehmer verpflichten sich, mit ihnen Kontakt zu halten, ihnen Fachliteratur zu senden und sie zu

Fachkonferenzen zu laden. Das ist alles sehr wichtig, damit sie sich in der alten und zugleich neuen Umgebung nicht völlig abgeschnitten und ohne Möglichkeit zur fachlichen Weiterbildung finden. Auf diese Weise kann erreicht werden, daß dem ersten Schritt Entwicklungshilfe, nämlich die Ausländer hier studieren zu lassen, der zweite folgt, der langfristig gesehen den ersten erst wirklich rechtfertigt. Ein anderer Weg ist es, mehr und mehr Studenten auch anderer Fachrichtungen in der Dritten Welt selbst studieren zu lassen. Dazu muß allerdings den Hochschulen dort Hilfe zuteil werden, damit sie ein volles Studium anbieten können. Dieser Weg hat den Vorteil, daß die Studenten nicht den Kontakt zu Land und Leuten verlieren und nicht im Laufe ihres Studiums zu Fremden für die eigene Heimat werden.

Bei uns in Deutschland sehr berühmt und viel verehrt ist der aus dem Elsaß stammende Arzt und Theologe Albert Schweitzer. Obgleich ihm glänzende Karrieren, auch als Organist, wo er seinesgleichen suchte, offenstanden, ging er tief in den afrikanischen Regenwald nach Westafrika, um den Menschen dort zu helfen. Damals gab es noch keine Entwicklungshilfe; er tat das aus dem persönlichen Gefühl heraus, den Ärmsten und Hilflosesten dienen zu wollen. Am sumpfig heißen Ufer des Ogowe-Flusses hat er 1913 sein Krankenhaus gegründet: Lambarene. In Holzbaracken richtete er für das Personal und für sich selbst Wohnungen ein, in Holzbaracken wohnten auch die Kranken.

Albert Schweitzer ist 1965 dort als 90jähriger gestorben; er ist berühmt geworden durch seine beispielhaft hingebende Arbeit im Urwald; mancher Arzt und manche Krankenschwester ist ihm aus Begeisterung dorthin gefolgt und hat die schweren Arbeitsbedingungen von Lambarene auf sich genommen.

Ich habe die Stätte von Schweitzers Wirken, das in aller Welt bekannte Urwaldkrankenhaus, gesehen, als ich auf einer meiner Reisen das Land besuchte, in dem es liegt: Gabun. Von Libreville, der Hauptstadt des Landes, wurde ich in einer fünfsitzigen, alten Maschine dorthin geflogen. Während eine Gewitterbö die kleine Maschine hin und her beutelte, sah ich unter uns nichts als Wald und dazwischen dunkles Wasser;

es war für alle Insassen sehr beruhigend, endlich auf sicherem Grund zu landen! Über eine hohe Brücke führte der Weg aufs andere Ufer durch den Wald zum Krankenhaus. Zu Schweitzers Zeiten gab es noch keine Brücke, man mußte übersetzen.

Inzwischen sind ein paar Steinbaracken zu den alten Holzhäusern gebaut worden, in denen man auch Klima-Anlagen installiert hat, so für einen neuen Operationssaal und ein Labor. Aber früher gab es überhaupt keinen Strom in dem ganzen Komplex. Und solange Schweitzer lebte, hat er auch keinen Strom haben wollen. Die alten Krankenhausräume, die noch alle benutzt werden, sind von geradezu bestürzender, altmodischer Einfachheit. Der frühere Operationssaal wies einen hölzernen Tisch auf, die Halbtüren nach draußen standen offen, und man hat dort bei vierzig bis fünfundvierzig Grad Hitze operiert. Abends wurde die Szene von kleinen Petroleumlampen beleuchtet. Im Untersuchungszimmer daneben sitzen auch jetzt noch die wartenden Patienten. Die Krankenzimmer kann man sich gar nicht primitiv genug denken: einfache Holzpritschen an der Wand, ein Ausgang nach draußen. Dort sitzen gewöhnlich die Familien der Kranken, haben Kochstellen eingerichtet und bereiten für ihren Verwandten die gewohnte Nahrung zu. Wasser wurde und wird aus dem Fluß geholt. Es gibt keine Toiletten. Abwässer werden in den Fluß gebracht, Wäsche dort gewaschen.

Wenn man afrikanische Hütten und die Lebensgewohnheiten der Menschen im Dorf gesehen hat, so muß man zugeben, daß dies vermutlich ein richtiges Angebot ist: Hier fühlen sich die Menschen nicht durch Fremdes erschreckt, sie leben wie zu Hause, und das ist gewiß eine wichtige Voraussetzung zum Gesundwerden. Schweitzer selbst lebte mit seinen treu ergebenen Mitarbeitern, die ihm aus Europa gefolgt waren, und mit den afrikanischen angelernten Hilfskräften ein einfaches Leben nach strengen Regeln. Jeder Tag war durch Gebet und Andacht eingeleitet und eingeteilt, die Mahlzeiten wurden gemeinsam eingenommen. Eine große Glocke hing auf dem Platz zwischen den einzelnen Häusern, und sie wurde geläutet als Zeichen zur Medikamenten-Einnahme. Die beiden kleinen Barackenräume, die Schweitzer selber bewohnt hat, sind noch so erhalten, wie sie zur Zeit seines Todes waren: ein einfacher Holztisch, Bücherbretter, eine Kiste als Wäscheschrank, ein Wandbett und seine Zimmerorgel. Bachs Musik im Urwald, eine eigentümliche Vorstellung.

Nach Lambarene gingen viele Spenden, durch die allein es möglich war, das Krankenhaus zu erhalten und weiterzuführen. So einfach alles war, so sparsam wurde auch gewirtschaftet. Die Spenden waren wirklich gut angebracht, und daß sie reichlich eingingen, dafür sorgte der Ruf Schweitzers als aufopfernder Arzt und Christ, als Autor vieler christlich-philosophischer Bücher und als Organist; er kam zuweilen nach Europa, hielt Vorträge und gab Konzerte. Es wird aber auch erzählt, daß er eigensinnig keine Verbesserung und Modernisierung einführen wollte und daß er ihm zugesandte technisch-medizinische Apparate unausgepackt im feuchten Klima verrosten ließ. Er wollte bei seinen altmodischen Methoden bleiben, und das mag für manchen mitarbeitenden Arzt nicht immer ganz einfach gewesen sein. Jedenfalls hatten seine Kranken und deren Familien unbedingtes Vertrauen zu ihm, und noch immer gilt das Urwaldkrankenhaus als etwas Besonderes, zu dem die Kranken von weit her kommen. Seine Patienten waren für Schweitzer Mitmenschen, denen er diente. Ist das nicht die beste ärztliche Grundeinstellung, die man sich wünschen kann?

Geht man vom Krankenhausdorf etwa zehn Minuten durch den Wald einen schmalen Pfad aufwärts, so kommt man ins Lepradorf. Hier wohnen die Leprakranken zusammen in Baracken; es gibt Alte und Junge, Frauen und Männer. Lepra oder Aussatz galt in früheren Zeiten als unheilbar, die davon Befallenen galten als Gezeichnete, die aus der menschlichen Gesellschaft ausgeschlossen wurden. Heute behandelt man diese Krankheit wie jede andere auch, nur ist sie bei längerem Kontakt ansteckend, jedenfalls leben diese Kranken isoliert. Jetzt aber mit der Aussicht auf Besserung und Heilung. Wir betraten einen Raum, in dem jeden Tag die Verbände gewechselt werden und sprachen mit einem Pfleger, der dort Dienst tat. Andere Räume waren zu Werkstätten hergerichtet, in denen die Kranken die verschiedensten Gegenstände

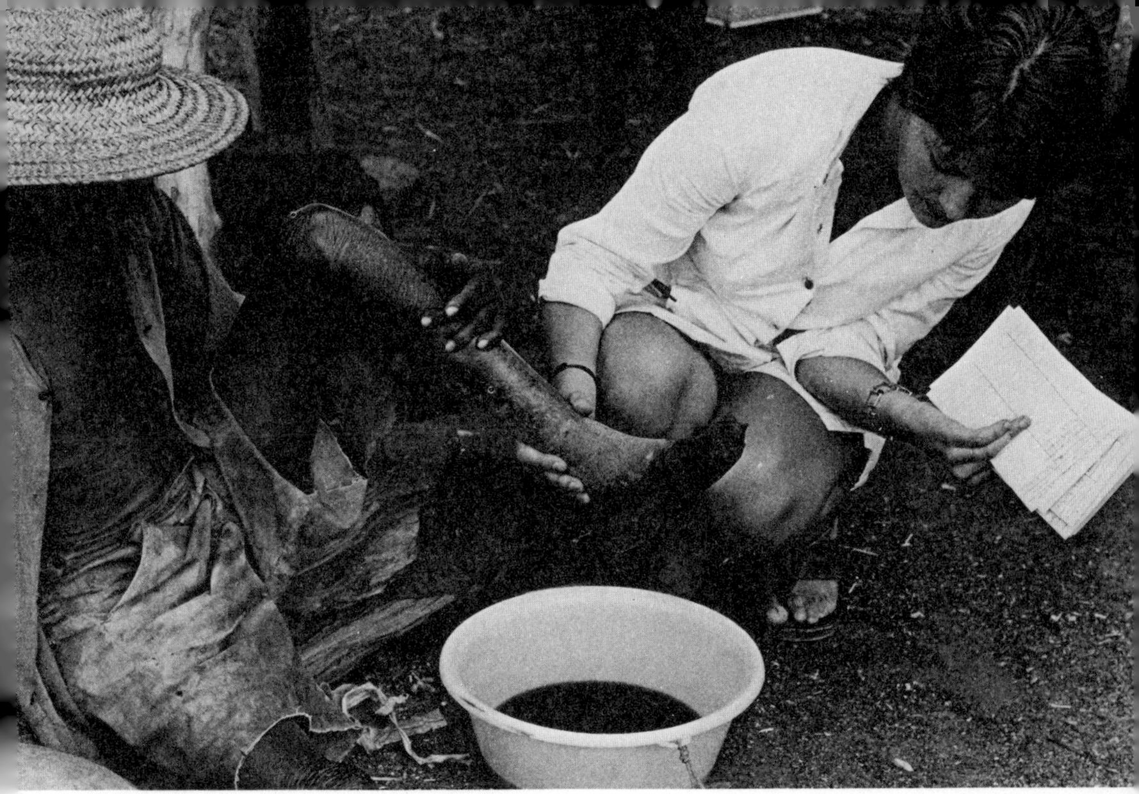

Leprabekämpfung in Togo

herstellten: aus Leder, aus Speckstein, aus Holz und aus gebranntem Lehm.

Heute werden auch in Afrika nicht mehr alle Kinder zu Hause geboren: Es gibt an manchen Orten Entbindungskliniken. So habe ich eine in Niamey, der Hauptstadt von Niger, besucht, die von einer in Deuschland ausgebildeten Hebamme geleitet wurde. Alles ist dort denkbar einfach eingerichtet. In kleinen Räumen, die eine offene Tür nach draußen haben, liegen die Mütter mit ihren Neugeborenen in voller Kleidung auf dem Bett, das Kind nur in ein buntes Baumwolltuch lose eingeschlagen. Draußen auf kleinen Holzfeuern kochen die mitgekommenen Verwandten – nur Frauen – Wasser ab zum Waschen von Neugeborenem und Mutter, bereiten ihr das Essen und waschen auch an der Wasserstelle im Hof Tücher oder Kleidung aus. Nach zwei Tagen spätestens geht die

Mutter mit ihrem Bündel nach Hause, begleitet von den Verwandten, die ihr auch in den folgenden Wochen zu Hause noch die Arbeit abnehmen.

Neben der Entbindungsstation wurde mir eine Kinderklinik gezeigt. Auch da sah ich wieder, wie mit einfachen, zweckmäßigen und den Verhältnissen angepaßten Mitteln viel erreicht werden kann. Eine deutsche Ärztin arbeitete mit einheimischen Ärzten zusammen. Zu der Zeit gingen gerade die Masern um, deshalb war auf dem Hof der Klinik ein Zelt aufgebaut, in dem die Masernkranken behandelt wurden: Von den Müttern herbeigebracht, wurden sie dort untersucht, behandelt und wieder nach Hause geschickt, so daß andere Kinder nicht angesteckt werden konnten. Auch in den Sälen der Klinik wird im allgemeinen nur ambulant behandelt: Die Kinder werden vorgeführt, gemessen, gewogen, geimpft, mit Medikamenten versehen oder gespritzt und wieder in Mutters Arm zurückgetragen. Die Mütter können aber den Tag über auch noch bleiben und Ernährungskurse mitmachen oder Unterricht über Hygiene erhalten. Nur ganz wenige schwierige Krankheitsfälle werden in der Klinik behalten. Deshalb gibt es dort vor allem Wartesäle und Untersuchungs- und Behandlungszimmer. Schon am frühen Morgen sitzen die Frauen mit ihren Kindern und warten. Es ist für uns Europäer ganz erstaunlich zu sehen, wie ruhig und gelassen man in Afrika zu warten versteht, wie auch die Kinder still und geduldig sitzen. Unsere unaufhörliche Hektik und Unruhe ist dort fremd. Als ich vor kurzem die junge schwarze Frau eines aus Afrika zurückgekehrten Deutschen bei einer geselligen Veranstaltung beobachtete, fiel mir auch bei ihr die Ruhe auf, mit der sie sich bewegte, auf ihren Mann wartete oder still dabei saß, wenn andere sprachen; eine freundliche, fast großartige Ruhe war ihr eigen, eine Ruhe, die zugleich die große Ferne ausstrahlt von uns zu ihr, der Ausdruck eines anderen Lebensgefühls.

Vom Geben und Nehmen
Entwicklungshilfe im Interessengewirr von Wirtschaft und Weltpolitik

Erhard Eppler, der von 1968 bis 1974 Bundesminister für wirtschaftliche Zusammenarbeit war, spricht in seinem Buch »Wenig Zeit für die Dritte Welt« den Gedanken aus, daß unsere Gesellschaft ja keineswegs so nachahmenswert sei, wie wir meinen, es möglicherweise keine entwikkelten und unterentwickelten Länder gäbe, sondern in verschiedener Weise fehlentwickelte Länder. Das ist genau das, was mich immer wieder zögern läßt, unserem Eingreifen in die Verhältnisse der Dritten Welt rückhaltlos zuzustimmen. Es fehlt uns oft an Einsicht und Achtung vor den anderen. Wer kann uns sagen, ob wir mit fortgeschrittener Technik wirklich so hoch entwickelt als Menschen, als Gesellschaft sind, wie andere, bei denen menschliche Bindungen und Verpflichtungen noch eine hervorragende Rolle spielen?

So stellt sich für mich das Problem der Entwicklungshilfe nicht in erster Linie als eines dar, bei dem es einfach um mehr oder weniger Geld geht: Das Problem ist ein politisch-moralisches, das für die Dritte Welt ebenso wie für uns von größter Dringlichkeit ist. Daß man den armen Ländern helfen muß, die Lebensbedingungen für ihre Bevölkerung zu verbessern, daß sie, die fast alle zu Beginn der sechziger Jahre unabhängig wurden, auch wirtschaftliche Selbständigkeit gewinnen müssen, daran hat auch Eppler nie einen Zweifel gelassen. Und er hat den Zusammenhang zwischen der Industriewelt und den Entwicklungsländern klar gesehen: *»Ich habe nie gesagt, daß Entwicklungspolitik mit unseren eigenen*

Interessen nichts zu tun habe – es gibt auf dieser Welt gar nichts, was nichts mit Interessen zu tun hätte – aber ich war und bin überzeugt davon, daß jede Entwicklungspolitik, die nicht am Interesse des Entwicklungslandes ansetzt, weder dem Entwicklungsland hilft noch schließlich dem Industrieland. Das muß der Ausgangspunkt sein, sonst bleiben Verstimmungen und vielleicht sogar Haß derjenigen übrig, die sich unter dem Deckmantel von Entwicklungshilfe durch die Europäer noch zusätzlich ausgebeutet fühlen.« (Erhard Eppler »Das Schwerste ist Glaubwürdigkeit«)

An einer anderen Stelle hat er einmal gesagt, die Erde sei wie ein Raumschiff, in dem wir alle, die Armen und die Reichen, die »Unterentwickelten« und die »Entwickelten« Platz haben müssen. Entweder wir alle leben darin, oder wir alle müssen zu Grunde gehen. Zunächst aber, vor zwanzig Jahren, hegte man in Europa allgemein die Überzeugung, daß unsere Staatsform, nämlich die einer parlamentarischen Demokratie, für alle Welt die einzig richtige sei; so gab es auch gar keinen Zweifel daran, daß die jungen Staaten sie übernehmen sollten. In Europa ist eine Voraussetzung für diese Staatsform die, daß es mehrere unterschiedliche Parteien gibt; man sieht darin die Garantie für die notwendige Vielfalt der Meinungen. Und das, so meinen wir, sei auch für Afrika das Richtige. Aber die jungen Staatswesen haben oft nur eine Partei, die Staatspartei, die der Bevölkerung die Teilnahme am gemeinsamen Aufbau des öffentlichen Lebens bietet, alle zugleich fest einbindet und die junge Regierung stützt. Man sagt dort: »Was sollen wir mit einer Opposition, die bloß dazu da wäre, unsere Aufbauphase durch künstliches Dagegensein zu stören! Wir haben in unserer Staatspartei verschiedene Meinungen und Vielfalt genug für demokratische Auseinandersetzungen.«

Und muß man sich nicht wirklich fragen, warum sie unser System aus rein formalen Gründen nachahmen sollten, noch dazu, da ja auch bei uns immer wieder die Frage diskutiert wird – und das nicht nur von Außenseitern der Gesellschaft –, ob unsere Form der Demokratie das Beste sei, das man haben könne. Ein kluger Staatsmann – Churchill – hat einmal gesagt: *»Die parlamentarische Demokratie ist eine fragwürdige Staatsform, aber es gibt keine bessere!«*

Teeanbau am Mount Kenia

Ich will damit sagen, wir müssen an unserer Staatsform und unserer Verfassung fortlaufend arbeiten, sie überdenken und zu verbessern suchen; sie ist also nichts Fertiges, ein für allemal großartig Gelungenes, das man unverändert überallhin weitergeben kann. Sie ist zudem durch unsere Geschichte aus schmerzvoller Erfahrung gewachsen. Eignet sie sich aber für andere Völker, die eine ganz andere Geschichte gehabt haben?

Die Wirtschaftskraft der neuen Staaten ist sehr gering; erinnern wir uns daran, daß diese Staaten in noch nicht lange zurückliegender Zeit wirtschaftlich von ihren Kolonialherren nach deren Gutdünken und Nutzen ausgenommen wurden, daß Monokulturen sie in einen ganz besonderen Zustand von Abhängigkeit gebracht hatten. Was soll nun also ein Land machen, das riesige Teeplantagen hat und sonst so gut wie keine

Erwerbsgrundlage für seine Bevölkerung? Wer übernimmt nun die Plantage? Der Staat? Da fehlt es an Erfahrung, an Geld, an Vermarktungsmöglichkeiten. Wird die Plantage an viele Tee-Anbauer aufgeteilt, bringt sie keinen Nutzen mehr für den Staat. Sie ist aber die Haupteinnahmequelle, nichts kann so schnell an ihre Stelle gesetzt werden. So bleibt sie am besten in fremder Hand: Ein Europäer leitet sie und holt den größten Nutzen heraus: Er zahlt Steuern an das Land und beteiligt das Land direkt am Gewinn. Aber andere Einnahmequellen für den Staat müssen dringend gefunden werden. Denn nun ist er selbst verantwortlich für Straßen, für Verkehr, Häfen, für Bildung und Ausbildung der Menschen, für Gesundheitsfürsorge – Aufgaben und Pflichten wachsen wie Pilze aus dem Boden. Die Bevölkerung strebt nach Teilhabe an dem, was der junge Staat zu bieten hat.

Die Industrieländer sahen, daß sie den jungen, unabhängigen Staaten helfen mußten, und sie entwickelten ein Konzept für diese Entwicklungshilfe. Sicher war das von Anfang an nicht ein Akt reiner Barmherzigkeit. Man hatte in Europa und Amerika nicht vergessen, daß diese Länder wichtige Rohstofflieferanten sind. Sie mußten also möglichst bald in einen Zustand versetzt werden, in dem ihre Nützlichkeit ihrer Hilfsbedürftigkeit zumindest die Waage hielt. Es galt als selbstverständlich, daß diese Staaten den Weg der Industrieländer nehmen würden. Demnach hätten sie den Ursprung der letzteren einholen müssen, um sich in derselben Weise und in dieselbe Richtung zu entwickeln. Man glaubte, ihnen dazu in wenigen Jahren die Möglichkeit durch Kapitalhilfe und technische Hilfe geben zu können, und es wurde erwartet, daß diese Hilfe, in der Wirtschaft des jeweiligen armen Landes angekommen, zu schnellem Wachstum führen müsse. Man sprach von »Wachstumsraten«, die jährlich ansteigen sollten. Denn in jeder Zeit stiegen auch unsere eigenen Wachstumsraten stetig. Wir waren überzeugt, daß mit Geld alles zu machen sei; wir leisteten uns immer mehr und immer präzisere Technik, die unsere Lebensumstände ständig verbesserte. Und wir waren dem Rausch verfallen, daß auf diese Weise alle Menschen immer glücklicher werden müßten. Was also hat es verhindert, daß auch

die Entwicklungsländer an diesem »Glück« teilnehmen können?
Dieses Rezept konnte für die armen, jungen Länder gar nicht zum Ziel führen. Eppler sagte rückblickend: *»Die Wachstumsraten blieben in den Industrieländern höher als im Schnitt der Entwicklungsländer«*, und er erklärt, daß fünf Prozent Wachstum in einem armen Land ein paar Mark pro Kopf der Bevölkerung bedeuten, während das bei uns gleich ein paar hundert Mark ausmachen. Außerdem sind diese Art Rechnungen mit dem Einkommen pro Kopf der Bevölkerung eine Augenwischerei – gut für Behördenschreibtische. Denn niemals bekommt jeder einzelne wirklich ein paar Mark mehr: Das gesamte Einkommen wird einfach statistisch auf alle umgerechnet. Und wo Menschen sowieso so arm sind wie etwa in einem Wüstenland, da bleiben sie es gewöhnlich, auch wenn die Statistik errechnet, das Pro-Kopf-Wachstum sei gestiegen.
Schlimmer aber ist es, daß dieses Wachstum trotz aller Hilfen gewöhnlich gar nicht stattfindet: Teuerung, Trockenheit, Bevölkerungswachstum, aber auch eine andere Art, die Wirtschaft zu führen und die Gelder zu gebrauchen, zehren eventuelle Wachstumsraten auf. Inzwischen stellen auch die neuen Behörden, Verwaltungsapparate und weite Bevölkerungskreise immer mehr Ansprüche, und so sinkt die Menge des für alle verfügbaren Geldes viel eher, als daß ein vorzeigbarer »Aufbau« geschafft werden könnte. In den meisten Ländern hat nur eine kleine Oberschicht ein besseres Leben erreicht, während die große Masse der Bevölkerung arm bleibt. Die Ungleichheit wächst und schafft politische Spannung im Lande. Das zwingt uns in den Industrieländern allerdings dazu, immer wieder neu zu überdenken, was Entwicklungshilfe sein sollte und wie sie zu leisten ist. Immer deutlicher wird dabei, daß wir nicht die Rezepte ausdenken und den Entwicklungsländern aufdrücken können, sondern daß sie selber nach ihren Vorstellungen und Wünschen handeln müssen.
Daß die Entwicklungsländer den Anschluß an die Weltwirtschaft bisher nicht finden konnten, das hat auch zu tun mit der alten, zu lange eingeübten Haltung des Abendlandes. Immer noch fühlen sich Europäer klüger, überlegener und aufgrund ihrer fortgeschrittenen Wirtschaft und

Technik auch vollkommen dazu berechtigt, den Gewinn aller Güter dieser Erde bevorzugt einzustreichen. Erinnern wir uns aber daran, daß unsere wirtschaftliche Vorherrschaft zum großen Teil auf der Ausbeutung der heutigen Entwicklungsländer beruht! Noch immer finden wir nichts dabei, die wertvollen Rohstoffe in Afrika und anderen Erdteilen billig zu erwerben, ja wir sichern uns immer noch, wo irgend möglich, die Ausbeutungsrechte, und wir verkaufen die mit diesen Rohstoffen gefertigten Waren zu teuren Preisen an jene Länder zurück. Wir erheben hohe Zölle für die Einfuhr ihrer landwirtschaftlichen Produkte, oder wir sperren unseren Markt generell für ihre Fertigwaren.

Das wollen die Entwicklungsländer nicht länger hinnehmen. Seit Jahren gibt es immer härtere Verhandlungen um eine neue Weltwirtschaftsordnung. Europa hat endlich Zugeständnisse gemacht: Es gibt nun sogenannte Rohstoffabkommen, die aus gemeinsamen Geldreserven, den Rohstoffonds, finanziert werden sollen. Auch soll ein gemeinsamer Fonds die Rohstoffpreise auf einer bestimmten Höhe festlegen, so daß gesichert ist, daß die Erlöse der Rohstoffe für das jeweilige Erzeugerland nicht auf ein Minimum sinken. Die Notlage nach einer schlechten Ernte, durch Überproduktion oder durch sinkende Weltmarktpreise, soll durch diese Abkommen ausgeglichen werden.

Diese Schritte zu einer neuen, gerechteren »Weltwirtschaftsordnung« verlangen große Umstellungen für die Industrieländer. Das aber muß bei uns erst einmal allgemein eingesehen werden, und man müßte darangehen, diese Umstellungen einzuleiten. Wir müssen uns klarmachen, daß, wenn die Entwicklungsländer von den Industrieländern abhängig sind, das gleiche auch umgekehrt gilt: Wir brauchen die Rohstoffe. Unruhe und Krieg in den Ländern der Dritten Welt beunruhigen auch unsere Wirtschaftssituation, davon ganz zu schweigen, daß ein größerer Krieg sich heute weit verhängnisvoller auswirken würde als der vorige Weltkrieg.

So gesehen sind es nicht »milde Gaben«, die wir den Armen in anderen Teilen der Welt zukommen lassen, wenn wir ihnen helfen: Wir haben es mit politischen Partnern zu tun, denen wir allzu lange die freie Verfü-

Getreidestampfen in Mali

gung über ihre eigenen Besitztümer, Bodenschätze, Land und Arbeitskräfte vorenthalten haben, und denen gegenüber wir auch die Pflicht der Anerkennung der Menschenwürde nicht erfüllt haben. In der Tat ist von uns in den Industrieländern viel Umdenken zu fordern, und noch viel schwieriger ist es, daß dem Umdenken auch Taten folgen müssen. Nach Meinung von Fachleuten hätte man damit schon viel früher beginnen müssen. Es geht dabei um Umstellungen von ganzen Erwerbszweigen, wenn wir zum Beispiel Textil- und Lederwaren der Dritten Welt ohne besondere Marktsperren in unsere Länder hineinließen. Man müßte vorsorgen, daß dies keine Massenarbeitslosigkeit bei uns bewirkt. Eine solche Umstellung hätte in jedem Fall viel Weitblick und Vorsicht verlangt, und sie erfordert natürlich eine gewisse Zeit. Jetzt ist alles schon viel schwieriger geworden, diese Dinge einzuleiten, denn auch unsere Wirtschaft erfreut sich nicht mehr der Blüte der sechziger und frühen siebziger Jahre. Sie muß aber funktionieren, sollen wir all unseren Aufgaben den eigenen Bürgern und der internationalen Gemeinschaft gegenüber gerecht werden.

Und wenn heute noch Stimmen bei uns sagen: »Warum müssen wir uns eigentlich mit der Hilfe für diese fremden Länder belasten, wir haben doch hier genug zu tun«, so glaube ich, daß Epplers Wort vom Raumschiff eine gute Antwort darauf ist, der eigentlich nichts hinzuzufügen ist.

Es muß uns also darauf ankommen, mit unserer Entwicklungshilfe auch dem Frieden der Welt zu dienen, denn wenn viele Menschen in anderen Ländern Hunger leiden und in Verzweiflung leben, ist der Friede in jedem Fall gefährdet. Es muß uns außerdem darauf ankommen, faire Partner der Entwicklungsländer zu werden, denn wir wünschen uns auch in ihnen faire Partner für die Zukunft. Die Entwicklungsländer müssen also Vertrauen zu uns fassen können.

Die jungen Staaten haben inzwischen an Selbstbewußtsein gewonnen. In der Versammlung der Vereinten Nationen sind sie unter den Mitgliedsländern zur Mehrheit geworden; sie bestimmen dort wesentlich die weltweiten politischen Entschließungen. Und weil sie das tun, und weil

diese Entschließungen nicht selten auch gegen uns, die westeuropäischen Staaten, gerichtet sind, bewirkt das natürlich Ärger und beleidigt die Gefühle hier. So hat die CDU/CSU-Fraktion im deutschen Bundestag wiederholt durch ihre Sprecher gefordert, in erster Linie den Ländern Hilfe zu geben, die sich als »unsere Freunde und Verbündete« erwiesen haben, die also politisch sich eher der Denkungsweise des Westens als der des kommunistischen Ostblocks zuwenden. Aber das liefe auf eine Art Belohnungs- und Bestrafungspolitik hinaus: Den Braven gibt man, die Bösen straft man, gleichgültig ob derartig kurzsichtige Maßnahmen das betreffende Volk darunter leiden lassen. Zudem ist es bei näherer Betrachtung meist gar nicht möglich, mit Sicherheit zu sagen, ob sich ein Land tatsächlich dem Ostblock zuneigt.
Wollen wir das beurteilen, so spielt uns nur zu leicht unsere europäische Brille einen Streich – andere Teile der Welt lassen sich damit nicht immer messen. Emotionen sind noch nie gute Ratgeber in der Politik gewesen. Auch sollte man selbst bei eventuell berechtigter Entrüstung nie vergessen, daß wir in Westeuropa so moralisch im Umgang mit den Ländern, die jetzt Entwicklungsländer heißen, ja auch nicht gewesen sind. Die Verhandlungen um eine neue Weltwirtschaftsordnung haben erst wieder gezeigt, daß die Europäer sich dabei auch nicht von moralischen Beweggründen leiten ließen, sondern zunächst eher kurzsichtig, wie ich glaube, einen schnellen Vorteil im Auge hatten.
Sicher hat manches Land in der Dritten Welt freundschaftliche Beziehungen zum Ostblock. Von dort ist auch zum Beispiel in den portugiesischen Kolonien den Befreiungsbewegungen Hilfe geleistet worden, Waffenhilfe, die vom Westen nicht gewährt wurde. Wer in verzweifelter Lage ist, nimmt die Hilfe dort, wo sie ihm geboten wird. Es wäre nun zu einfach zu glauben, daß die jungen Länder, die mit dem Ostblock freundliche Beziehungen haben, »kommunistisch« seien, und ich meine, wir haben kein Recht, sie deswegen zu tadeln. Wir sollten lieber aufmerksam sein und um Vertrauen zu Westeuropa, zu uns, werben: mit solider Hilfe und mit politischem Verständnis. Statt dessen fühlen sich die Länder der Dritten Welt oft als Objekt eines Tauziehens. Ost und

West streiten sich darum, die Länder in ihrer Einflußsphäre fest zu verankern: der Rohstoffe wegen! Sie aber wollen davon frei bleiben, sie wollen »blockfrei« sein, das heißt, sich weder dem Osten noch dem Westen verpflichten. Sind sie doch eben erst unabhängig geworden; und das sollten wir respektieren.

Wie sieht unsere praktische Hilfe aus? Wir haben ein paarmal umlernen müssen, wie diese Hilfe am besten zu leisten sei. Schon seit mehreren Jahren haben die Verantwortlichen mehr und mehr ihre Mühe darauf gerichtet, die sogenannten Grundbedürfnisse der Bevölkerung in den Entwicklungsländern zu befriedigen. Die Menschen sollen ausreichend Nahrung und Kleidung besitzen, sie sollen ein Dach über dem Kopf haben, es soll Schulen und Ausbildungsmöglichkeiten für sie geben, und sie sollen sich ihren Lebensunterhalt erwerben können. Die Befriedigung dieser Grundbedürfnisse des Menschen muß sich immer an den Gegebenheiten des jeweiligen Landes ausrichten.

Mit der Regierung eines Entwicklungslandes werden daher die Hilfsmöglichkeiten und Notwendigkeiten besprochen. In Übereinstimmung mit ihr werden praktische Hilfsprojekte eingerichtet. Da wird die Landwirtschaft verbessert, dort werden Speicher gebaut, um die Ernährung auch in Notzeiten zu sichern, da werden Brücken gebaut, Brunnen gebohrt, Bäume gepflanzt, dort werden Krankenstationen und Schulen eingerichtet. Das Leitwort für alle diese Unternehmen ist: helfen, damit sich die Menschen selbst zu helfen lernen. Unser Staat gibt dazu Geld und schickt Fachleute, die in diesen Projekten arbeiten, und die technische Ausrüstung dazu. Diese Tätigkeit ist bei uns sehr sorgfältig geplant (und über die ganze Welt verstreut sind auch andere Länder in ähnlicher Weise beschäftigt). Jedes Projekt wird vorher durchgerechnet, denn man muß wissen, was es kosten und wie viele Jahre es brauchen wird, bis es von den Einheimischen selbständig übernommen werden kann.

Außer dieser vielseitigen staatlichen Hilfe sind private und öffentliche Organisationen an Entwicklungshilfe beteiligt. So auch die Kirchen. Aber auch die Industrie ist beteiligt, wenn auch ihre Motive kaum so uneigennützig sein dürften wie die der Kirchen. Die Industrie investiert privat in Entwicklungsländern, daß heißt, europäische und amerikanische Firmen gründen Unternehmen, die verschiedene Produktionen in die Entwicklungsländer verlegen. Dies kann durchaus eine positive Wirkung haben: Es gibt Arbeitsplätze und nicht nur in dieser einen Firma; auch Verkehr und Handel können als Folgewirkung einen Aufschwung nehmen. Die staatliche Entwicklungshilfe bildet die Menschen für die neuen Arbeitsplätze aus: Es gibt Lehrlingswerkstätten, Ingenieurschulen, Verwaltungsschulen und Ähnliches. Fremde Unternehmen bauen auch Flughäfen, Schulen, Krankenhäuser, Behördenbauten, Sportstadien, Brücken, Wasserwerke. Sie senden ihre eigenen Fachleute, aber auch einheimische Kräfte finden Arbeit. Unser Staat gibt den Firmen als Anreiz Kredite, aber auch finanzielle Absicherung für den Fall, daß in dem fremden Land aus irgendeinem Grund alles schief geht. Natürlich gehen die Firmen nur gerne in »stabile« Länder, in denen möglichst keine politische Unruhe herrscht und in denen schon eine gewisse Wirtschaftsstruktur vorhanden ist oder ihnen durch die dortige Regierung günstige Bedingungen geboten werden: Die Straße zu ihrem Neubau wird angelegt, ein Brunnen wird ausgehoben, Strom verlegt. Verlockend sind natürlich auch die billigen Arbeitskräfte, Löhne sind sehr niedrig, und soziale Abgaben wie bei uns, müssen kaum geleistet werden. Die Steuern zahlt das Unternehmen in den meisten Fällen nicht im fremden Land, sondern zu Hause, und den Gewinn legt es gewöhnlich auch nicht dort an.

Man kann darüber streiten, ob Privatinvestitionen Entwicklungshilfe sind. Sie richten sich nicht nach den Bedürfnissen des fremden Landes, und sie fragen auch gewöhnlich nicht nach eventuellen Zerstörungen, die sie mit ihrer Produktion anrichten. So sah ich im Norden Tansanias ein Werk, das riesige Mengen von Kunstgips, der als Nebenprodukt dort nicht verwendet werden konnte, in die See ableitete; der Strand war auf eine weite Strecke hin vergipst und für Fischer nicht mehr zugänglich. In Sambia sah ich einen der schönen klaren Flüsse mit Giftschlamm verpestet. Noch ist man in der Dritten Welt solchen Zerstörungen der Natur gegenüber verhältnismäßig unempfindlich: Man kennt ja den

Grad der Verschmutzung noch nicht, der unser Leben zunehmend bedroht.
Weltweite Industriekonzerne, die hie und da in Entwicklungsländer eingreifen, können eine politische Macht darstellen, die es gar nicht nötig hat, sich nach bestimmten Wünschen der betreffenden Regierungen zu richten. Ihre Macht ist das Geld, mehr Geld als irgendein Industrieland der Welt zur Verfügung hat.
Der Deutsche Gewerkschaftsbund will die Vergabe von Kreditgarantien an Firmen, die Unternehmen in den armen Ländern einrichten wollen, davon abhängig gemacht wissen, ob und wie soziale Bedingungen im Betrieb erfüllt werden. Ähnliche Forderungen sind auch immer wieder in der SPD-Fraktion des Deutschen Bundestages erhoben worden. Denn wenigstens sollte hier nicht ein neues Feld der wirtschaftlichen Ausbeutung auf Kosten der Armen in der Welt blühen. Können wir verhindern, daß durch »Entwicklungsunternehmen« industrieller Art der alte Zustand der Ungleichheit festgeschrieben wird und der größere Nutzen wieder einmal nur bei uns liegt? Alles wäre in Ordnung, wenn durch solche Firmen auch die Wirtschaftskraft der Entwicklungsländer tatsächlich stiege. Das aber ist bis jetzt nicht nachzuweisen.
Es gibt also ein gewisses wirtschaftliches Eigeninteresse unsererseits in den Entwicklungsländern. So wird von mancher deutschen Firma eine Teilfertigung ihrer Produkte ins Ausland, in ein Land der Dritten Welt verlegt, etwa das Zusammensetzen elektrischer Apparate. Alle Teile dazu werden bei uns hergestellt, und die fertigen Apparate gehen auch hierher in die betreffende Firma zurück. Im Entwicklungsland läßt man fertigen, weil die Arbeitskräfte so wenig verdienen, daß sich der weite Transport der Apparate hin und her immer noch lohnt.
Wirtschaftliches Interesse an den Ländern der Dritten Welt gibt es in allen Industriezweigen. Vor ein paar Jahren wurde ein weltweiter Konzern verklagt, weil sein Produkt, Baby-Milchpulver, Kindern in der Dritten Welt das Leben gekostet hatte. Geschickte Werbung hatte die Menschen dort glauben lassen, sie könnten nichts Besseres tun, als ihre Kinder mit diesem Pulver zu füttern, und sie seien damit der europäischen

Fischmarkt in Mali

Zivilisation ein gutes Stück näher. Die Firma wollte einen neuen Markt erobern und handelte nach diesem ihrem Interesse. Es war ihr gleichgültig, daß man in der Dritten Welt so etwas wie Milchpulver überhaupt nicht braucht: Dort ernährt jede Mutter ihr Kind an der Brust. Und weil man das Pulver nicht kannte, verwendete man es falsch und damit zum Verhängnis der Kinder.
Ein anderer Interessenzweig ist die Atom-Wirtschaft. Wir brauchen den Rohstoff Uran für unsere Kernkraftwerke. Was tun wir, wenn nun das Lieferland von uns etwas zurück haben will, nämlich die Kenntnisse mit Uran umzugehen oder gleich ein fertiges Kernkraftwerk? Das wäre gewiß ein »guter Handel«, betrachtet man es vom rein wirtschaftlichen Standpunkt aus. Nun besitzt Namibia reiche Uranvorkommen. Aber wie wir wissen, ist Namibia nicht frei, sondern wird von Südafrika aus verwaltet. Südafrika hat inzwischen alle Kenntnisse und Einrichtungen, um aus Uran Kernbrennstoff herzustellen – aber auch die gefürchtete Atombombe. Und das hat es dank bundesdeutscher, privatwirtschaftlicher und öffentlicher Hilfe!
Ein guter Handel? Die Bundesrepublik hat den Grundsatz, keine Waffen oder als Waffen zu gebrauchende Gegenstände in Spannungsgebiete zu liefern und sowieso in kein Land außerhalb der NATO. Spannungsgebiete sind solche, in denen Unruhe und Aufstände herrschen oder kriegerische Auseinandersetzungen stattfinden. Außerdem soll in kein Land atomtechnisches Zubehör, welcher Art auch immer, geliefert werden, das den internationalen Vertrag über die Nichtweiterverbreitung von Atomwaffen nicht unterzeichnet hat. Ein solches Land ist die Republik Südafrika.
Hieran kann man deutlich sehen, wie schwierig es offenbar ist, einen eigentlich klaren moralischen Grundsatz im politischen und wirtschaftlichen Beziehungsfeld klar zu verfolgen: Die wirtschaftlichen Interessen eines Landes decken sich offenbar nicht immer mit den politischen. Deshalb versuchte die Bundesregierung schon vor Jahren, gerade im Hinblick auf Südafrika, sich und anderen einzureden, daß Wirtschaft und Politik nicht »ohne Not« miteinander vermischt werden sollten.

Und wenn man die Tageszeitungen dieser Wochen studiert, in denen ich diesen Text niederschreibe, so ist ganz deutlich, daß man vor der gleichen Schwierigkeit im Hinblick auf Chile steht: Unterseeboote an eine Regierung, die ihre eigene Bevölkerung zu Tausenden hingemordet hat und weiterhin absolut unterdrückt? Die mit ihrem Nachbarstaat Argentinien auf der Schwelle zu kriegerischen Auseinandersetzungen steht?

Ein Blick in die Fragestunde des Deutschen Bundestages mag etwas von dem politischen Eiertanz wiedergeben, der so manches Mal in bewunderungswürdiger Weise dort aufgeführt wird. Ein Abgeordneter, beruflich mit Atomphysik befaßt und gegen jede Zusammenarbeit auf diesem gefährlichen Gebiet mit dem rassistischen Regime in Südafrika fragte: *»Beabsichtigt die Bundesregierung, über den Beratervertrag des Institutes für Reaktorsicherheit mit der südafrikanischen Elektrizitätsversorgungs-Gesellschaft in Johannesburg hinaus Südafrika bei der Errichtung einer Kernenergie-Wirtschaft deutsche Hilfe leisten zu lassen?«*
Der Staatssekretär des Ministeriums für Forschung und Technologie antwortete ihm: *»Das Institut für Reaktorsicherheit hat gegen die Erstattung üblicher Gebühren einen Beratungsauftrag für die südafrikanische Gesellschaft übernommen. Das Institut für Reaktorsicherheit ist ein eingetragener Verein und deshalb nicht gehalten, die Zustimmung der Bundesregierung für diese Maßnahme einzuholen. Die Tätigkeit des Instituts für Reaktorsicherheit für die südafrikanische Ekektrizitäts-Gesellschaft ist somit keine Hilfeleistung der Bundesregierung für Südafrika. Es besteht keine Zusammenarbeit der Bundesregierung mit Südafrika auf dem Gebiet der Kernenergie. Eine solche Zusammenarbeit ist auch nicht beabsichtigt.«*
Der Abgeordnete fragt weiter: *»Herr Staatssekretär, trifft es zu, daß ein Staatssekretär der Bundesregierung und ein hoher Offizier der Bundeswehr erst kürzlich das Atomforschungszentrum in Südafrika besucht haben?«*
Der Staatssekretär: *»Was den ersten Teil ihrer Frage angeht, so kann ich dies bestätigen.«*
Dem Abgeordneten steht noch eine zweite Zusatzfrage zu: *»Herr Staatssekretär, liegt es nicht auf der Hand, daß im Bereich der Kernenergie nun mit*

dem bedeutenden Uran-Lieferland Südafrika ein Kooperationsvertrag gesucht wird?«
Und der Staatssekretär pariert: *»Nein, Herr Kollege, das liegt nicht auf der Hand. Ich hatte mehrmals Gelegenheit, in den Ausschüssen des Deutschen Bundestages aber auch in der letzten Woche in der Fragestunde des Deutschen Bundestages darauf hinzuweisen, daß die Bundesregierung davon ausgeht, daß die Uranversorgung für die Bundesrepublik Deutschland aus anderen Gebieten sichergestellt werden kann.«*

Hier bleibt vieles ungeklärt, u. a.: was wollte ein Staatssekretär im südafrikanischen Atomforschungszentrum, wenn durch einen Vertreter der Bundesregierung hier öffentlich erklärt wurde, es bestehe keine Zusammenarbeit der Bundesregierung mit Südafrika auf dem Gebiet der Kernenergie und eine solche Zusammenarbeit sei auch nicht beabsichtigt. Und war nun ein hoher Offizier der Bundeswehr auch dort oder nicht? Und was wollte der dort, da es keinerlei Kontakte der Bundeswehr zur Republik Südafrika gibt? Auch die NATO, deren Mitglied die Bundesrepublik ist, vertritt erklärtermaßen im südlichen Afrika keine Interessen. Sie versteht sich als Nordatlantische Verteidigungsgemeinschaft, während Südafrika bekanntlich im Südatlantik liegt.
Als ich einmal, gestützt auf Beobachtungen in Südafrika, ebenfalls fragte, was höhere Offiziere der Bundeswehr dort machten, wurde mir geantwortet: »Wenn Offiziere nach Südafrika in Urlaub reisen, sei das nicht Sache des Verteidigungsministeriums.« Sicher, das hätte ich auch nicht bezweifelt, obgleich ich hoffte und noch jetzt hoffe, daß Offiziere auch nicht im Urlaub dort hinreisen, es sei denn, sie wollten als aufmerksame Deutsche dort Augen und Ohren auftun, um hinter die Fassade zu schauen.
Ja – und Waffen? Wo die Bundesregierung keine liefern will und laut ihrer Grundsätze und Verträge nicht liefern darf – können Firmen nicht einzelne Teile liefern, die zu Waffen zusammengesetzt werden können? Im Bundeswirtschaftsministerium gibt es entsprechende Listen von Gütern, die unter Ausfuhrverbot fallen. Obgleich sie fortlaufend ergänzt

werden, umfassen sie längst nicht alles und können gar nicht alles umfassen, was das Verbot der Waffenlieferungen umgeht. Man denke nur an Unimogs, an Lastwagen, die ja gewiß vielen Zwecken dienen können. Und schließlich können Truppen auch in Bussen transportiert werden. Wo zieht man die Grenze?

Hinzu kommt der private, auch der illegale Waffenhandel, der auf Gewinn sieht und nicht auf die politischen Grundsätze der Regierung. Und endlich gibt es eine europäische Zusammenarbeit bei der Herstellung von Waffen. Was tun wir aber, wenn wir solche Waffen nicht in Spannungsgebiete liefern wollen und unser europäischer Partner, der die Endproduktion hat, sie gerade dorthin verkauft? Darüber sprechen und verhandeln! Aber gerade dem europäischen Partner gegenüber sind oft besondere Rücksichten zu nehmen, soll die europäische Zusammenarbeit nicht ernstlich gestört werden.

Ich habe immer und immer wieder erfahren, daß es unglaublich schwer ist, angesichts solcher, eigentlich gar nicht zu entwirrender Interessenverflechtungen nicht endlich klein beizugeben und sich zu sagen: Na, dann laß sie eben machen. Ich bin dennoch der Meinung geblieben: Das gerade darf man nicht tun, der Politiker nicht und niemand. Gerade weil es schwierig ist, darf man so schnell nicht aufgeben.

Von der Schwierigkeit, unabhängig zu werden
Sambia zwischen Ost und West

»Wir glauben, daß beide, der Osten wie der Westen, die Menschheit verraten! Viel zuviel Wert wird bei beiden gelegt auf eine Entwicklung, die nur den materiellen Nutzen bedenkt. Und das führt wirklich schnell zum Untergang des Menschen als Kraftquelle allen humanen Wirkens. Können sich Ost und West hieraus befreien? Oder sollte vielleicht aus Afrika eine neue Gedankenwelt kommen, die unseren Mitmenschen draußen eine Hilfe sein kann?« (Aus einer Rede von Präsident Kaunda in der Fordham-Universität in den Vereinigten Staaten.)

Wohin mein Begleiter mich zunächst bringen wollte, war mir nicht recht klar geworden, denn er hatte alle möglichen Programmpunkte für die nächsten Tage, aber nichts Genaues, erklärt. Und so war ich ein bißchen erstaunt, nicht nur, daß es die landwirtschaftliche Messe war, sondern daß er mich mit fast unhöflicher Eile durch mehrere Hallen und Höfe schleppte. Wir waren ja gerade erst auf der Fahrt in die Stadt als Beginn meiner politischen Informationsreise in Sambia.

Er zog mich auf eine mit Fähnchen geschmückte Plattform in den Kreis offizieller Personen und stellte mich ihnen vor als diejenige, auf die sie gewartet hatten. Aus einem Gitter wurde eine Kuh geführt, hübsch schwarzweiß gefleckt und sichtlich deutscher Herkunft. Mir gab man das Seil in die Hand, und mein Begleiter flüsterte mir ins Ohr, ich müsse die Kuh dem Landwirtschaftsminister übergeben, sie sei ein Geschenk der Bundesrepublik. Der Landwirtschaftsminister – er war erkennbar als die hochrangigste Person, denn er stand einen Schritt vor dem Halbkreis der ihn Umgebenden – lächelte erwartungsvoll. Ich schluckte meine Verwunderung herunter, lächelte ebenfalls und übergab die Kuh mit wohlgesetzten Worten, wir schüttelten uns die Hände, die Kuh wurde abgeführt und es gab einen kühlen »Drink«. Mein erster Schritt in Sambia war getan. Später erfuhr ich, daß die Übergabe des wertvollen Tieres durch eine Persönlichkeit aus den Kreisen der Landwirtschaftsvertreter der Bundesrepublik hatte geschehen sollen, die im letzten Augenblick ausgeblieben war.

Nun gings im Auto durch die schönen, baumbestandenen, breiten Straßen von Lusaka, vorbei an der Universität, am prachtvollen Parlamentsgebäude aus schwarzem Stein, auf dem die kupferne Kuppel in der Sonne glänzte.

Ich hatte über Sambia allerlei gelesen; der gute Start des jungen Staates, sein bemerkenswerter politischer Ansatz, und nun sollte es offenbar nicht mehr so gut mit ihm gehen? Nach verschiedenen offiziellen Besuchen und Gesprächen fand ich Zeit, meine Freundin, eine Europäerin, aufzusuchen, die damals schon seit längerer Zeit dort lebte. »Sag mir«, begann ich, »was ist in Sambia los? Alles scheint so glänzend zu laufen, meine politischen Gesprächspartner hier sind voll Zuversicht, haben sie denn recht?«

»Komm«, sagte sie. »Setz dich her, ich will dir ein wenig erzählen. Und erschrick nicht, wenn ich ein bißchen viel von Geschichte und Wirtschaft spreche. Aber ich glaube, daß man, ohne darüber Bescheid zu wissen, die Verhältnisse im Lande kaum verstehen kann.«

Präsident Kaunda hat seine eigene Staatsphilosophie entwickelt, die, wenn man es kurz faßt, eine besondere Art von afrikanischem Sozialismus ist. Er glaubt an eine afrikanische Menschlichkeit, die der Welt zur Rettung aus ihrem materialistischem Denken und Streben werden könnte. Diese Idee hat das nationale Gefühl im Volk belebt, aber sie hat Westeuropa dazu verführt, nicht nur an diesem sambischen Ansatz Kommunismus zu wittern. Denn in vielen Köpfen ist alles, was sich Sozialismus nennt, gleich Kommunismus. Sowjetische Afrika-Experten

dagegen drücken sich recht ärgerlich darüber aus, daß sie keinerlei Gemeinsamkeit der Ideen finden können und daß in Afrika meist der richtige theoretische Ansatz zum klassischen Kommunismus fehle.
Für das junge Sambia aber waren und sind diese afrikanisch-sozialistischen Ideen notwendig, das Volk mußte sich ja in einer gemeinsamen Idee wiederfinden können. Der Ruf: »Ein Sambia, eine Nation!« hat die Menschen vor und nach der Unabhängigkeit förmlich elektrisiert. Stammeszugehörigkeiten schienen unter dieser Beschwörungsformel dahinzuschwinden.
Die Unabhängigkeit, die Geburtsstunde des jungen Staates, ist natürlich nicht einfach über Nacht dagewesen. England war fast sechzig Jahre lang Kolonialmacht in Nordrhodesien, wie das Land damals hieß. Ebenso waren Südrhodesien (jetzt Zimbabwe) und Nyassaland (jetzt Malawi) britische Kolonien. Vom Süden her, aus Südafrika, waren weiße Siedler bis zum Sambesifluß nordwärts vorgedrungen. Dort war die Grenze »Weiß-Afrikas«. Der britischen Regierung lag daran, »Weiß-Afrika« nach Norden auszudehnen. Die reichen Kupfervorkommen in Nordrhodesien verlockten dazu, auch die Eisenbahnlinie, die nordwärts durch das Gebiet lief. So gründeten die Engländer eine Art Bundesverfassung aus den drei Kolonien und besetzten damit in südlich Zentralafrika ein riesengroßes Gebiet, in dem sie eine einheitliche Verwaltung anstrebten.
Aber in Nordrhodesien erhoben sich schon in den Jahren zwischen 1930 und 1940 Unruhe und Widerstand. Das hatte die Kolonialmacht wohl nicht vermutet. Denn die Bevölkerung lebte in der üblichen Weise abgeschlossen in ihren Dörfern und nach Stämmen getrennt, die ihre verschiedenen Sprachen hatten. Sie kannten keine Gemeinsamkeit über diese engen, übersehbaren Grenzen hinweg. Noch dazu waren sie von ihren Kolonialherren an strenge Unterwürfigkeit gewöhnt worden. Um so bemerkenswerter ist es, daß es auf einmal politische Persönlichkeiten unter ihnen gab, die anfingen, Organisationen zu bilden, nicht nur in den Städten, sondern auch auf dem Lande. Allerdings hatte sich schon weit verbreiteter Widerstand gerührt gegen die Bildung eines Bundes der drei Kolonien.

Werbung für Bier in den Slums von Lagos/Nigeria

Alle Versuche der Kolonialherren, gewisse, von ihnen kontrollierte afrikanische Vertreterversammlungen in ihre Verwaltungsorganisation einzubinden, schlugen letztlich fehl. Die Afrikaner gründeten eine Gesellschaft zur Wohlfahrt des Landes, der sich die kleinen Händler, die Kaufmannsgehilfen der englischen Läden, die Bauern und andere Gruppen anschlossen. Und die Engländer mußten feststellen, daß diese Gesellschaft unter »Wohlfahrt« die politische Wohlfahrt ihrer Landsleute verstand. Folgerichtig entwickelte sich aus diesem Anfang die erste politische Partei, der »Nordrhodesische Afrikanische Rat«.
Diese Partei verstand sich als Stimme des Volkes und setzte sich zur Aufgabe, alle Afrikaner am politischen, wirtschaftlichen und sozialen Fortschritt und an der Ausbildung, die diesen Fortschritt bedingte, teilnehmen zu lassen. Frauen und Männer, gleich welchen Stammes und

welcher sozialen Stellung, sollten dabei sein. Das war eine gewaltige, neuartige Bewegung. An ihrer Spitze standen Afrikaner, die aus Missionsschulen hervorgegangen waren und zum Teil eine weiterführende Bildung im Ausland genossen hatten. Sie fielen den Kolonialbeamten unangenehm auf, und nicht wenige mußten Auflehnung und Ungehorsam im Gefängnis büßen. Aber in der Gefangenschaft schärfte sich ihr Gefühl für das Recht ihres Volkes, und heraus kamen noch entschiedenere politische Köpfe.

Mit Mißtrauen begegneten sie den britischen Bemühungen, so etwas wie Partnerschaft zwischen Europäern und Afrikanern zu erreichen, bei der die Gewichte sehr ungleich, nämlich zugunsten der Europäer verteilt sein sollten. 1951, die Partei nannte sich inzwischen »Afrikanischer Nationalrat«, sagte ihr damaliger Präsident Nkumbula: *»Wir müssen den weißen Siedlern im Land und der britischen Regierung sagen, daß wir ihnen nicht mehr trauen können. Wir sind tief gedemütigt worden. Wir haben Leid erfahren aus den Händen unserer sogenannten Partner. Vielleicht war das ein Glück im Unglück, denn jetzt erhebt sich eine steigende Flut nationalen Gefühls in unserem Volk. Unser nationaler Geist, der jetzt heranreift, rüttelt uns auf aus langer Not. Es gibt kein Zurück mehr, wir sind eine Nation wie jede andere auf der Welt, wir werden unsere eigene Regierung haben.«*

Und die Partei fing an, ein Organisationsnetz über das ganze Land auszubreiten und immer mehr Menschen anzusprechen und einzubeziehen. Sie wurde in kurzer Zeit zu einer nationalen Massenpartei, und als 1962 nach einer eigentümlichen Verfassung Wahlen ausgeschrieben waren, gab es nicht nur elf afrikanische Wahlberechtigte, wie noch fünf Jahre zuvor, sondern eineinhalb Millionen. Die weiße Minderheitenherrschaft der Kolonie, die bis dahin fest im Sattel saß, wurde abgelöst durch eine schwarze Mehrheitsregierung. Die Mehrheit der schwarzen Bevölkerung hatte gesiegt. Obgleich das Land noch Kolonie war, hatten sich doch die politischen Verhältnisse völlig verwandelt. Afrikanische Führer, die vorher von den Europäern schief angesehen waren, hatten auf einmal allgemeines Ansehen gewonnen, sie wurden Gestalten von nationaler Bedeutung. Im Mai 1964 gab sich Nordrhodesien eine Unabhän-

gigkeitsverfassung und führte eine republikanische Form der Regierung ein, die im Oktober die Unabhängigkeit des Landes Sambia (der Name ist vom größten Fluß des Landes, dem Sambesi, genommen) erklärte. Sambia, eines von dreißig afrikanischen Ländern, die innerhalb von sieben Jahren unabhängig wurden. Den Anstoß hatte 1957 die britische Kolonie »Goldküste« gegeben, die zum Land »Ghana« geworden war.
Mit der Unabhängigkeit hatte die junge Regierung in hartem Ringen auch den Besitz der Kupferminen aus der Hand britischer Bergwerksgesellschaften genommen, ebenso wie alle anderen Minen im Lande: Die Blei-, Zink-, Silber-, Gold-, Amethyst- und Smaragdgruben waren in staatlichen Besitz übergegangen. Schließlich waren dies die Reichtümer des Landes, über die es nun selber verfügen wollte. Aber viele Europäer blieben, um die Förderung der Bodenschätze in den Bergwerken weiterhin zu handhaben, es gab ja keine sambischen Fachleute. Die Verarbeitung von Sambias Rohkupfer geschah noch wie bisher in Rhodesien, das daraus einen kräftigen Handel und eine solide Finanzgrundlage für sich entwickelte, wie sie Sambia fehlte. Sambias verhältnismäßiger Wohlstand beruhte vor allem auf dem Export seines Kupfers.
Nach 1964 stieg der Kupferpreis auf dem Weltmarkt, und das junge Land erlebte einen erwünschten Aufschwung. Viele Männer strömten zu den Kupferminen, um dort zu arbeiten. Weiße Farmer blieben im Land, sie siedelten entlang der Bahnlinie, die ihre Erzeugnisse abtransportierte, durch das benachbarte Angola bis zur Hafenstadt Lobito, wo man die Ware einschiffte. Auf großen Flächen bauten sie Mais und Tabak an. Beides wurde ausgeführt und brachte Geld ins Land; es war aber auch genug Mais da, daß jeder im Lande satt werden konnte.
Die junge, wirtschaftlich unerfahrene Regierung kannte nicht das Funktionieren des Weltmarktes. Sie hatte sich auf ihr Kupfer verlassen, und als nach kurzer Zeit der Preis fiel, geriet alles ins Wanken. Viele Minenarbeiter wurden arbeitslos, kleinere Gruben mußten wegen der zu hohen Förderkosten geschlossen werden. Das Beispiel einer Smaragdmine zeigt, daß nicht nur die zu hohen Kosten Schwierigkeiten bereiteten. Seitdem sie in staatlichem Besitz war, klappte es mit der Förderung nicht

mehr recht, statt dessen bereicherte sich mancher privat. Deshalb wurde die Smaragdmine an eine ausländische Gesellschaft verpachtet, aber die Unterschlagungen gingen weiter, ja, sie nahmen ein solches Ausmaß an, daß die Regierung auf weitere Ausbeutung verzichtete und statt dessen Zement über die Bergwerkseingänge gießen ließ: Es sollte ein für allemal Schluß sein mit Diebstahl und Veruntreuung. Das Smaragdvorkommen wurde zum Sperrgebiet erklärt. Aber nun ging das Schmuggeln erst richtig los. Im Sperrgebiet wurde bald hier, bald da gegraben, und von den gefundenen Schätzen gaben die Smaragdgräber den Wachmannschaften ab, die keinen Alarm schlugen.
Von Anfang an hätte das Land eigentlich andere Wirtschaftszweige ausbauen müssen, wie es auch auf dem Programm stand; aber niemand sorgte für die Verwirklichung. Man hätte den Überschuß aus den guten Kupferjahren in anderen Wirtschaftszweigen anlegen sollen. Es ist sicher nicht ganz falsch, wenn man den Eindruck gewinnt, daß die europäischen Berater der Regierung – nicht nur in Sambia – zum Teil wohlmeinende Idealisten waren, denen es an praktischer Erfahrung und Kenntnissen ebenso fehlte wie den Regierungsmitgliedern.
Wohl entwarf die Regierung, wie das in anderen jungen Staaten auch geschah, einen Fünf-Jahres-Wirtschaftsplan, um Ziele abzustecken und zu suchen, wie man sie erreichen könne. Beim Aufstellen solcher Pläne halfen die ausländischen Berater. Sie gingen nach europäischen Mustern vor, ihre Pläne deckten sich daher nicht mit den Bedürfnissen und Notwendigkeiten der Bevölkerung. Sie konnten in den Händen der Regierung kein sehr hilfreiches Instrument sein.
Die Arbeitslosen drängten sich in den Städten, sie waren Landentwurzelte, aus den überlieferten Gebräuchen Herausgelöste, und diese Gebräuche waren immer noch ein fester Zusammenhalt der ganzen Gesellschaft gewesen; wie lange würden sie das noch sein können?
Für Landbesitz galt die alte traditionelle Weise, nämlich daß Boden grundsätzlich nicht gekauft oder verkauft werden kann. Teils aber hatte man der Europäer im Lande wegen europäisches Landrecht in die Verfassung geschrieben. Das machte die Lage sehr unübersichtlich und

Lagerarbeiter in Niger

unsicher. Europäische Farmer gaben auf und gingen zurück nach Europa, aber sie behielten ein formales Besitzrecht über ihre Ländereien, die nun nicht mehr bebaut wurden, so daß der wertvolle Export ihrer Erzeugnisse wegfiel. Und es dauerte auch nicht lange, da mußte Sambia Mais sogar einführen. Zwar arbeiteten einheimische Farmer auf Teilen des »europäischen« Bodens, aber sie konnten längst nicht den gleichen Ertrag erwirtschaften.

Inzwischen übernahmen multinationale Konzerne Anteile an den Kupferminen. Durch moderne technische Hilfsmittel und mit tieferen Bohrungen fördern sie die gleiche Menge Kupfer wie bisher; nur sind die Kosten für diese Produktion so viel höher geworden als früher, daß sie dem Staat bei niedrigem Kupferpreis auf dem Weltmarkt zuwenig einträgt. Der Pächter der Mine dagegen erwirtschaftet sich einen guten Gewinn.

Obgleich Sambia wertvolle Bodenschätze hat, obgleich es klimatisch günstig liegt, obgleich seine großen Flüsse mit ihrer Wasserkraft den notwendigen Strom erzeugen könnten für Industrie und privaten Gebrauch, hat es sich wirtschaftlich nicht erfolgreich auf eigene Beine stellen können. Zeit zum Lernen und Einarbeiten war ihm nicht gegeben worden. Aber die genannten Vorteile des Landes wohl berechnend, drängten schon ausländische Unternehmungen herein. Zu viele multinationale und andere Unternehmen aus aller Welt haben inzwischen ihren Fuß auf sambischen Boden gesetzt. Eine neuartige Abhängigkeit ist wohl oder übel entstanden. Man spricht nicht nur dort von Neo-Kolonialismus, das heißt Kolonialismus in neuer, moderner Form.

Wie in anderen afrikanischen Staaten entstand so in den Städten eine neue Führungsschicht, die den natürlichen Kontakt zur übrigen Bevölkerung verlor. Wenn diese Leute durchs Land fahren, sagen sie zu den Bauern: »Ihr müßt mehr arbeiten, mehr anpflanzen«, und rauschen im stolzen Mercedes davon. Das Volk nennt sie spottend »Wabenzi« (Benzinleute).

Minister und andere Führungspersonen sind schnell reich geworden. Ihr Weg in die fremde Gesellschaft ist fast unvermeidlich, sie drängt sich an sie heran, sie bietet ihnen Vorteile an, etwa die Genehmigung einer Geschäftsniederlassung. Es ist nicht zuviel gesagt, daß die weltweiten Konzerne die Menschen kaufen. Und damit ist die Elite nicht mehr Teil ihrer angestammten Großfamilie, sie werden zu Einzelnen, gerade zu dem, was der traditionellen afrikanischen Familie als verbrecherisch gelten muß. Wenige Reiche, Bevorzugte, die wohlleben, während sie die teuer erkaufte Unabhängigkeit ihres Volkes unwissentlich in ein tragisches Gegenteil verkehren.

Der junge Staat lernte, Forderungen zu stellen: Kommt! Helft! Wir brauchen dies, wir wollen das! – Eine natürliche Folge habsüchtiger Einflußnahme war: Europa hatte nie daran gedacht, Afrika wirklich selbständig und allein über seine Reichtümer verfügen zu lassen. Der Kampf darum ist bis heute nicht entschieden. Das junge, stolze Land ist schnell zum Spielball der Großmächte in der Welt geworden. Jeder wollte einen Fuß zum eigenen Vorteil darin haben, und viele sprechen dabei von Entwicklungshilfe. Aber ist das Entwicklungshilfe zum Besten des Landes, damit es lernt, auf eigenen Füßen zu stehen?

Entwicklungshilfe in Form von Wirtschaftsinvestitionen ist eben niemals uneigennützig: Wer in eine Sache Geld hineinsteckt, will Gewinn haben. Dennoch kann dieser »Eigennutz« zur Entwicklung der Wirtschaft des jungen Landes beitragen. Es kann einen Schritt auf dem Wege bedeuten, wirtschaftliche Partnerschaft anzustreben. Denn davon ist viel die Rede, und es ist wahr, daß wir im augenblicklichen Stand der Entwicklungspolitik aus den wirtschaftlichen Beziehungen zur Dritten Welt schon erheblichen Vorteil ziehen. So sind etwa eine Million Arbeitsplätze in der Bundesrepublik durch die entwicklungspolitische Zusammenarbeit garantiert. Dic wichtige Aufgabe aber bleibt, den eigenen Vorteil mit den Bedürfnissen des schwächeren Partners auf einen Nenner zu bringen und ein Gleichgewicht soweit herzustellen, wie Einsicht, menschliche Verpflichtung und politische Weitsicht es verlangen.

Professor Dr. Abdel Aziz Belal von der juristischen Fakultät der Universität Rabat stellt in einem Aufsatz 1977 fest: *»Ausländische Investitionen werden nach europäischen Gesichtspunkten getätigt. Sie haben untereinander* *keine Verbindung, das heißt, sie haben nur punktuelle Wirkungen, und sie entsprechen nicht der örtlichen Nachfrage. Ihre Abhängigkeit von auswärtigen Märkten sowie der Rückgriff auf qualifiziertes Personal aus den Mutterländern verschärfen die Fragwürdigkeit solcher Unternehmen.«*

Ein anderes Kapitel sind die Waffen. In der westlichen Welt werden immer neue Waffen entwickelt. Wo sollen die alten untergebracht werden? Der beste Absatzmarkt ist die Dritte Welt. Denn alle jungen Staaten drängen, allein aus dem Bedürfnis heraus, in der Welt etwas zu gelten, danach, Waffen zu besitzen. Europa gibt ihnen darin von eh und je das Beispiel: Je mehr Waffen, je mehr ausgebildete Soldaten, desto achtbarer der Staat. Ist eine einigermaßen starke Armee aufgebaut worden, muß sie, wie manches Beispiel zeigt, auch zugleich von der Regierung gefürchtet werden: Sie könnte Lust bekommen, die Regierung zu stürzen und die Macht im Staat in ihre waffenklirrenden Hände zu nehmen. Zudem sind die Ausgaben für manchmal wahllose Waffenkäufe für ein im Aufbau befindliches Land schwer zu verkraften. Aber Sambia muß, wie manches andere Land, tatsächlich Bedrohung von außen befürchten. Die heftigen Befreiungskämpfe in den Nachbarländern Angola, Mozambik und Rhodesien (jetzt Zimbabwe) übersprangen die Grenzen: Vertreter fast aller Befreiungsbewegungen hatten zeitweilig in Sambias Hauptstadt Lusaka ihre Hauptquartiere, Flüchtlingsströme fluteten herein, feindliche Bomben, Angriffe über die Grenzen brachten den Kriegszustand direkt ins Land. Und noch ist nicht abzusehen, was mit Namibia wird, wie lange die Unterdrückung der Schwarzen in Südafrika anhalten wird – beides sind Unruheherde, die Sambia unmittelbar mit beeinträchtigen.

Sambia als Frontstaat – Kaunda hat sich, seiner moralischen und politischen Gesinnung gemäß, aus der Wirtschaftsgemeinschaft mit Rhodesien, die noch aus kolonialen Zeiten stammte, abgehängt. Er wollte mit dem weißen, die schwarze Bevölkerung unterdrückenden Regime nichts mehr zu tun haben. Aus gleichen Gründen wollte er die wirtschaftlichen Verbindungen zu Südafrika kappen. Dies brachte dem Land schwere wirtschaftliche Einbußen, die nicht überwunden werden konnten. Die

Parade zum Nationalfeiertag im Sudan

sich zuspitzende Lage in Angola machte, schon bevor es dort zum offenen Kampf kam, die Gütertransporte mit der Eisenbahn zum Hafen Lobito unmöglich. Sambia war – nicht durch eigene Schuld – von allem Verkehr fast abgeschnitten. Über schlechte Straßen wurden die Güter in Lastwagen nach Dar es Salaam gebracht und von dort geholt. Das war ein langer, unsicherer Weg!
Da bot sich chinesische Entwicklungshilfe an. China wollte offensichtlich den Russen zuvorkommen, die schon mancherorts in Afrika durch tätige Unterstützung Freunde suchten. So schickte es ein ganzes Heer seiner fleißigen Arbeiter, um eine Eisenbahnlinie von Lusaka quer durchs Land und durch das benachbarte Tansania bis zu dessen Haupt- und Hafenstadt Dar es Salaam zu bauen. Ich habe diese »blauen Ameisen«, wie sie dort wegen ihrer Arbeitsanzüge genannt wurden, gesehen.

Die Chinesen blieben ganz unter sich, knüpften keinerlei Kontakte und arbeiteten unermüdlich, bis sie durch unwegsames Gelände eine einspurige Bahnlinie gelegt hatten; dann reisten sie wieder ab. Diese Bahn, Tansam-Bahn genannt, weil sie Tansania und Sambia verbindet, sollte nun den Transport übernehmen und Sambias Abgeschnittensein von der Außenwelt aufheben. Aber sie war technisch ein Reinfall: Die Geleise verschoben sich, die Lokomotiven waren zu schwach, die Züge blieben liegen, und schwere Güter konnten gar nicht befördert werden. Inzwischen ist viel an ihr herumgeflickt worden, aber viel Nutzen hat die Tansam-Bahn nicht gebracht.

Weil das Wirtschaftsmuster des Landes durch die Kolonialzeit geprägt war und weil von außen her unablässig neue Belastungen etwaige eigene Wirtschaftsansätze unterdrückten, mußte Sambia in Not geraten.

Ich verstand durch die Erklärungen meiner Freundin vieles besser: Die vielseitigen Abhängigkeiten der Unabhängigkeit brachten mich zum Nachdenken. Sachzwänge sind eine gefährliche Größe in der Politik. Das erleben wir auch in Europa, wo Sachzwänge den Spielraum der Politiker immer mehr einengen. Auch wirtschaftliche Abhängigkeiten spielen in Europa eine Rolle. Bei allen zugestandenen Unterschieden muß man sich als Europäer doch fragen: Sind wir wirklich der Meinung, daß wir auf die Kämpfe ums Überleben der jungen afrikanischen Staaten mitleidig und besserwisserisch herabschauen dürfen?

Deutsche Politiker müssen sich also immer wieder von neuem fragen, inwieweit Entwicklungspolitik richtig, notwendig und wirkungsvoll ist; nicht zuletzt bei der Frage der Industrieansiedlungen in den Ländern der Dritten Welt. Bei einer Anhörung in Bonn erklärten Vertreter multinationaler Firmen, daß sie selbstverständlich Entwicklungshilfe leisten. Befragt, ob sie die Bedürfnisse des Entwicklungslandes berücksichtigen und etwa produzieren, was dort gebraucht wird, antworteten sie nicht besonders klar. Befragt, ob sie in ihren Betrieben dort vorwiegend mit menschlicher Arbeitskraft und nicht durch Automation produzieren lassen, antworteten sie, sie richteten sich in dieser Hinsicht ganz nach den Wünschen der Regierung ihres Gastlandes. War das eine befriedigende

Antwort? Keineswegs!

Ein Kabinettsmitglied einer solchen Regierung sagte mir: »*Wir wußten am Anfang einfach zuwenig, wir verstanden nichts von der Sache. Uns blendete allein die Tatsache, daß ein großer Konzern sich bei uns niederlassen wollte. Wir haben ihm alle Vorteile eingeräumt, so daß ihm dabei fast keine Kosten entstanden sind, und wir haben uns von ihm beschwatzen lassen, was Produktion und Arbeitsmethoden anging. Jetzt wissen wir, daß Automation bei uns genau falsch ist, sie nützt dem Konzern, uns schadet sie. Aber was sollen wir machen!*«

Von internationalen Gremien war gerade damals ein Preis ausgesetzt worden für dasjenige Unternehmen, das am entwicklungsgerechtesten in der Dritten Welt arbeitete. Verschiedene Merkmale waren aufgezählt, die erfüllt sein müßten. Darunter zählte eben auch der Vorrang, den menschliche Arbeitskraft vor automatischen Arbeitsgängen haben müsse. Denn es kommt darauf an, daß viele arbeiten und verdienen, dabei neue Fertigkeiten gewinnen und sich auf der sozialen Leiter emporbewegen können. Es kommt gerade darauf an, Arbeitskräfte einzusparen. Der Preis konnte nicht vergeben werden: Es fand sich kein Unternehmen, das dem entwicklungsgerechten Anspruch genügte.

Meine Freundin schlenderte mit mir durch eine der Hauptstraßen in Lusaka. Vor den Läden standen Schlangen von Käufern um Brot an. Sie erklärte mir, daß die Regierung den Brotpreis hoch angesetzt habe, aber zugleich dem Bauern das Getreide für einen Bettelpreis abnehme. Die Folge sei, sagte sie, daß das Brot knapp werde. Denn der Bauer verliert die Lust zum großflächigen Anbau, zu dem er erst angehalten worden ist. Er kehrt zurück zu seiner altgewohnten Subsistenzwirtschaft, das heißt, er baut gerade soviel an, wie er für sich und die Seinen braucht.

»Demnach hätte also die ländliche Entwicklungshilfe, auf die wir soviel Wert legen, gar nicht viel Sinn?« fragte ich.

»Oh doch«, sagte sie, »sie wird auf die Dauer gesehen mehr Sinn haben als manches großangelegte Projekt. Es handelt sich dabei ja um einen Erziehungsprozeß im Großen, und dafür braucht es gewiß Zeit und Geduld. Sicher wird dem Staat aus der ländlichen Entwicklung eine stabile Kraft zuwachsen. Ländliche Projekte dürften allerdings nicht nur in einem begrenzten Umkreis wirken, sie müßten ineinandergreifen, Zusammenhänge herstellen, eine ganze Region mit all ihren Bedürfnissen betreffen.«

In den nächsten Tagen hatte ich Gelegenheit, zwei ländliche Projekte zu besuchen. Das eine war eines der staatlichen deutschen Entwicklungshilfe, das andere das einer kleinen deutschen Mission. Es gibt ja viele Entwicklungshilfeträger, nicht nur deutsche, sondern auch aus anderen Ländern. Ist diese Vielfalt der Ansätze und Wirkungsweisen nützlich, oder ist sie hinderlich für Entwicklung und Aufbau im Lande? Eine für mich immer noch offene Frage.

Zuerst wurde ich zu einem Schweinezucht-Projekt gebracht. Im Gegensatz zu den kleinen, dünnen afrikanischen Schweinen sollte die Einführung deutscher Schweine ganz andere Erträge bringen. Zwei deutsche Landwirte und ein Tierarzt arbeiteten im Projekt. Die einzelnen Bauern werden von ihnen angesprochen, die Vorteile der Schweinemast und der zu erwartende Gewinn werden ihnen erklärt. Wenn sich ein Bauer interessiert zeigt, muß er zunächst einen Schweinestall bauen, für den ein einfaches Muster vorliegt: ein kleines Steinhaus, nach einer Seite ganz offen zu einem umzäunten Auslauf. Der Bau ist genau darauf angelegt, daß europäische Schweine in dem fremden Klima gedeihen können, der Auslauf muß unter Baumschatten liegen. Der interessierte Bauer brennt nun erst einmal die notwendige Anzahl Lehmziegel, dann bekommt er auf Kredit Zement, und er muß das Fundament solide anlegen. Jeder Schritt wird von den Projektleuten genau geprüft, denn nur wer sorgfältig und zuverlässig bei der Sache ist, soll die Kredite bekommen. So müssen die Projektleute herumfahren, beraten, besichtigen und helfen. Wenn die Mauern hochgezogen sind, werden Dachbalken geliefert. Nun muß der Bauer selbst eine Summe von 200 Kwacha hinterlegen, das ist etwa soviel wie 500 Mark, und dafür bekommt er Futter und eine trächtige Zuchtsau. Bei der Aufzucht der Ferkel wird er weiter beraten, denn nun kommt alles darauf an, daß die jungen Tiere gut gedeihen. Vom Projekt aus werden die Schweine verkauft, und mit dem Erlös kann der Bauer seinen Baukredit zurückzahlen und neues Futter anschaffen.

Wenn alles gutgeht und auch der Zuchteber gesund bleibt, kann eine Sau im Jahr 15 bis 18 Ferkel werfen. Aus dem Bauern wird ein kleiner Viehzüchter, der allmählich lernt, sich selber auf dem Markt zu bewegen. Die Mehrzahl der angesprochenen Bauern war damals interessiert und machte mit. Ich sah einige beim Bauen der Schweineställe, beim Anlegen des Auslaufes und sah die ersten Ferkel und Jungschweine. Aber ich weiß nicht, wie sich dieses Projekt im Lauf der Jahre entwickelt hat. Viel hängt in jedem Fall von den Personen ab, die das Projekt betreiben, von ihrem Geschick, einheimische Fachleute heranzubilden, und von der Stetigkeit derjenigen, die einmal angefangen haben, sich zu beteiligen. Es waren die ersten Schritte zu einer Schweinezucht-Genossenschaft.

Das zweite Projekt lag ziemlich entfernt davon tief im Busch: ein Bewässerungs-Projekt. Das Wasser eines kleinen Baches wurde in einem Bekken gefaßt und in tiefer gelegene Gemüsefelder geleitet. Es war ein heißer Tag, aber große Bäume ringsumher spendeten einige Kühlung. Das Gemüse wuchs reichlich und üppig und wurde in einer kühlen Halle zum Verkauf vorbereitet. Lastwagen besorgten den Transport in die nächstgelegenen Ortschaften. Nahe bei der Gemüsehalle gab es andere neue, einfache Bauten: eine Schule, die von Kindern weit umher aus dem Busch besucht wurde, und ein Internat, das andere Kinder beherbergte, die zu entfernt wohnten. Daneben war ein Handwerker-Zentrum. Alle möglichen Tätigkeiten wurden dort ausgeübt und auch gelehrt. Es gab auch einen einfachen Kirchenraum und ein Gesundheits-Zentrum: Eine Schwester erteilte dort Rat und gab Erste Hilfe. Das eigentliche Dorf, die Hütten der Einheimischen, die in landesüblicher Weise in einiger Entfernung voneinander unter den Bäumen lagen, waren in diese Siedlung mit einbezogen. Ich konnte mir gut vorstellen, daß diese dörfliche Lebensgemeinschaft »Entwicklung« schafft, ohne die Menschen aus ihrem gewohnten Leben herauszureißen. Weiter Lernen und das Gelernte Anwenden, konnte von hier, in einem verhältnismäßig heilen Übergang in die nicht vermeidbare »moderne« Welt führen.

Auf der Rückreise in die Stadt traf ich auf einen jungen deutschen

Schlosser, der mit einem Moped unterwegs war zur nächsten Stadt. Er wollte versuchen, dort Ersatzteile zu bekommen für Lastwagen und Motorräder, denn er betrieb als Entwicklungshelfer in einem kleinen Dorf an der Durchgangsstraße eine Autowerkstatt. Er lernte auch einige Jungen in seinem Handwerk an. In der Stadt sah ich eine größere Lehrlings-Ausbildungswerkstätte. Auch der theoretische Unterricht wurde von Entwicklungshelfern erteilt.
»Macht es den Jungen denn Spaß, wollen sie lernen?«
»Ach, alle nicht. Manche glauben schon nach wenigen Wochen, sie könnten genug, und nun wollen sie Geld verdienen, sie wollen ans große Geld und einen Mercedes fahren.« Es ist also gar nicht einfach, sie bei der Stange zu halten.
Auf meinen Reisen durchs Land hatte mich zeitweilig eine Frau begleitet, die einen verhältnismäßig hohen Rang in der Staatspartei innehatte. Sie gehörte zur Elite und bewegte sich wie eine Fürstin unter den Leuten. Offizielle Höflichkeitsbesuche, die wir bei den jeweiligen Provinz-Gouverneuren zu machen hatten, gestaltete sie zu einem feierlichen Zeremoniell. Den einfachen Leuten begegnete sie ziemlich hochfahrend. Zwar hatten wir einen recht genauen Reiseplan, aber sie konnte nie pünktlich sein, so daß wir eigentlich immer mit großer Verspätung unterwegs waren. Wohnte irgendwo an der Strecke ein Verwandter, so wurde ein Besuch abgestattet. Ich sah bald ein, daß es am besten war, meine Vorstellungen von Pünktlichkeit fallenzulassen, um nicht in ständiger Unruhe zu leben. Und so wurde diese Reise für mich sehr interessant. Zwar ließ sie an dörflichen Siedlungen immer vorbeifahren, denn die empfand sie wohl als rückständig, aber sie konnte meinen gezielten Fragen doch nicht vollständig ausweichen.
So hatten wir darüber gesprochen, daß nach der Landessitte der Mann eine Hütte im Dorf bewohnt, und seine verschiedenen Frauen mit ihren kleinen Kinder jeweils auch ein Haus haben. Ich fragte sie, was aus der Tradition einer sochen Familie werde, wenn der Mann nun in die Stadt ginge. Sie wich solchen Fragen aus. Für sie schienen die traditionellen Lebensverhältnisse in ihrem Land längst Vergangenheit zu sein, eine

Vergangenheit, deren sie sich vielleicht sogar schämte. Viel sprach sie dagegen von dem neuen, dem modernen Sambia, von der fortschrittlichen Staatspartei. Und so erzählte sie mir, daß in den Tagen des Widerstandes auch die Frauen aktiv waren. »Einmal«, sagte sie, »haben wir vor dem Haus des Gouverneurs eine Demonstration gemacht, alle mit nacktem Oberkörper. Und er hat sich geschämt und ist vom Fenster weggegangen.« Immerhin war das eine bemerkenswerte Aktion, wenn man bedenkt, daß die Anführerinnen frühere Missionsschülerinnen waren und bestimmt einer besonderen Überwindung bedurften, um zu solchem Mittel zu greifen.

Ich habe auch versucht, mit dieser Frau über Geburtenregelung zu sprechen, aber davon wollte sie gar nichts wissen: Unser Land ist so groß, darin können wir viele Menschen gebrauchen! Und sie sah nicht, daß offenbar schon jetzt die Mittel fehlten, alle im Lande satt zu machen.

Zum Abschied lud sie mich in ihr Haus zum Essen. Ein großes Haus nach europäischem Muster: Empfangshalle, Eßzimmer, Wohnzimmer, eine große Küche, daran anschließend ein anderes Wohnzimmer, offenbar für die Bedienten, von denen sie eine ganze Anzahl hatte. Alles war nach europäischem Vorbild eingerichtet. Im oberen Stock war ein prachtvolles Schlafzimmer und eine ganze Anzahl Kinderzimmer, gefüllt mit europäischen Spielsachen, vor allem überlebensgroßen Plüschtieren.

Meine Gastgeberin trug immer afrikanische Kleider, wie das auch die meisten anderen Frauen der Elite-Schicht taten. Und nun sagte sie: »Bevor wir uns zu Tisch setzen, möchte ich Sie auch afrikanisch gekleidet sehen.«

Sie nahm mich mit in ihr Schlafzimmer und gab mir eines ihrer langen bunten Gewänder und band mir den dazugehörigen Kopfputz auf. Und so ging ich ins Eßzimmer, in dem eine ganze Anzahl schwarzer Damen schon versammelt war. Sie begrüßten mich mit Vergnügen. Nun setzten wir uns um den Tisch, eine Waschschüssel wurde herumgereicht, und jede wusch sich die Hände. Dann wurden afrikanische Speisen aufgetragen. Steifer Maisbrei, Gemüse, Fleisch, vieles, was ich nicht kannte. Besteck gab es nicht, und ich sah mir ab, wie man ohne fertig wurde. Im

Handteller formt man eine Maisbreikugel, mit der die anderen Speisen aufgenommen werden. Aber das hört sich einfacher an, als es ist, und es gab viel Gelächter um den Tisch, als ich meine ersten Versuche machte. Immerhin gelang es mir, satt zu werden, und es gelang mir auch, das schöne Kleid nicht zu beschmutzen.

Vor meiner Abreise traf ich deutsche Freunde, die in einer Siedlung am Rande der Stadt ein Haus bewohnten. Dort wohnten fast nur Ausländer. Es waren moderne Häuser, von viel Grün umgeben. Sie waren einmal gebaut worden als Unterkünfte für hochrangige Politiker, die aus ganz Afrika zu einer Konferenz der OAE – Organisation für afrikanische Einheit – nach Lusaka gekommen waren.

Meine Freunde hatten, wie das viele Europäer in afrikanischen Ländern tun, einen Nachtwächter eingestellt, der vom Einfall der Dämmerung bis zum Morgen ums Haus gehen und es bewachen mußte. Die Notlage, in der sich Sambia befand, ließ in einer Stadt wie Lusaka auch die Kriminalität steigen. So kommt es auch vor, daß sich mancher Nachtwächter lieber in der Dunkelheit verdrückt, aus Angst zusammengeschlagen zu werden, wenn sich Gesindel herumschleicht. Tatsache ist, daß allerlei Einbrüche geschehen, denn gerade bei Europäern werden Werte und Geld vermutet. Inzwischen waren auch schon tagsüber Einbrecher am Werk gewesen, und meine Bekannten trauten sich nicht mehr, ihre zwölfjährige Tochter allein im Haus zu lassen. Die Lage wurde noch ungemütlicher, als auf heimkehrende Nachbarn, als sie spät abends aus ihrem Auto stiegen, ohne ersichtlichen Grund geschossen und die Frau tödlich verletzt wurde. Von da an ging niemand mehr abends aus dem Haus, und weil die Unsicherheit in der ganzen Stadt zunahm, verhängte die Polizei Ausgangssperren. Meine Freunde berichteten auch von zunehmender Lebensmittelknappheit: Wochenlang lernten sie, ohne Butter und Milch auszukommen, dann wieder gab es kein Fleisch oder Mehl, so trieben sie sorgfältige Vorratswirtschaft.

Trotz alledem liebten sie Sambia, und sie dachten nicht daran, wegzugehen. Sie waren überzeugt, daß ihre Arbeit dort nützlich und hilfreich sei: Der Mann beriet im Gewerkschafts- und Genossenschaftswesen, und die Frau arbeitete im Gesundheitsdienst. Sie hatten viele sambische Freunde, unter denen sie sich wohlfühlten, und alle sind überzeugt davon, daß das Land seine Schwierigkeiten in den Griff bekommen wird. Meine Freunde sagten: »Wir hoffen, daß ausländische Unterstützung ausländische Eingriffe überwiegen wird.«

Bei all dem hat das Land bisher eine politische Stabilität, die einmalig ist. Seit der Erklärung der Unabhängigkeit führt Präsident Kaunda die Regierung und ist zugleich das Staatsoberhaupt. Er ist von Anfang an davon überzeugt, daß an erster Stelle die Idee stehen muß, und er hat ein geistig sittliches Ziel gesetzt, mit dessen Hilfe die praktischen Probleme gelöst werden sollen. Kaunda steht mit seinen Ideen ja nicht allein: Sie berühren sich mit denen von Nyerere, dem Präsidenten von Tansania und denen von Senghor, dem langjährigen Präsidenten Senegals. Kaunda erklärt, der Staat müsse auf Sozialismus und Selbstsicherheit der Gesellschaft aufgebaut werden; er sieht in der alten afrikanischen Weise, im Familien- und Stammesverband zu leben, eine sozialistische Urform, deren natürliche Kraft sein Land in die Zukunft begleiten soll. Und Selbstsicherheit bedeutet, daß er seinem Volk Selbstrespekt und das Vertrauen in die eigene Art zu sein, afrikanisch, schwarz zu sein, stärken will. »Dies«, sagt er, »wird den eigenen Weg des jungen Staates in eine moderne Zukunft möglich machen.«

Hoffentlich bleiben diese Kräfte erhalten, auch über die augenblickliche wirtschaftliche Notlage hinaus und unter dem Einfluß der vielen Mächtigen außerhalb Afrikas, die die natürlichen Reichtümer Sambias nutzen und ausbeuten wollen. Hoffentlich gibt es genug aufrichtige Freunde Sambias, die dem jungen Staat wirklich beistehen wollen.

Die westliche Welt muß begreifen: Wenn es ihr nicht gelingt, mit dazu beizutragen, daß aus den Ländern der dritten Welt eigenständige, verläßliche Partner werden, dann steht letzten Endes das eigene Überleben auf dem Spiel.

Die geheimnisvolle Ferne
Ein Reisebericht

Seit 30 Stunden war ich nicht im Bett gewesen, aber die Reise nach Guinea-Bissau bietet keine größere Bequemlichkeit. Bei uns in Deutschland lag Schnee, auf meiner Zwischenstation in Lissabon blühten Rosen. Im Garten des Botschafters haben wir auf der Terrasse Tee getrunken. Es wehte eine recht angenehme, warme Luft.

Und dann war das Flugzeug nachts um ein Uhr gestartet. Das Flughafengebäude in Lissabon war überfüllt, eine bunte Menge drängte sich, denn dies war für einige Tage der einzige Flug zur afrikanischen Westküste. Eine Zwischenlandung gab es für mich auf der Insel Sal: Im graukalten Frühlicht mußten alle Passagiere aussteigen, über den weiten Platz laufen und sich im kahlen, ungemütlichen Warteraum eine Stunde lang die Zeit vertreiben. Mißgestimmt vor Müdigkeit saß ich da. Draußen konnte man noch nicht weit sehen, aber selbst wenn man das gekonnt hätte, auf Sal gibt es nichts zu sehen. Auf dieser Insel wächst nichts, sie gehört zur Sahelzone und leidet unter extremem Regenmangel. Es gibt nur Sand und Stein. Die Menschen in dem kleinen Ort leben von der Arbeit am Flughafen und von einer kleinen Salzgewinnungsanlage. Ich meinte, noch keinen trostloseren Ort gesehen zu haben als diese kahle Insel im Atlantik. Sie gehört zu den Kapverden, einer Inselgruppe, die der afrikanischen Westküste vorgelagert ist. Mir erschien sie im kalten Frühmorgendämmern wie »der Welt Ende«, der unbekannte Ort, an den der Königssohn im Märchen gelangen muß, um die verschwundene Prinzes-

sin wiederzufinden. Gewiß ist die Insel nicht ganz so öde, wie sie dem übermüdeten Reisenden auf Zwischenlandungen vorkommen mag. Immerhin werden dort Ferienbungalows gebaut.
Endlich Weiterflug! Die Sonne ging auf, und um neun Uhr stieg ich hinaus in die afrikanische Hitze mit geblendeten Augen und viel zu warmen Kleidern. Einige Herren empfingen mich und sagten mir, sie würden mich sofort zum Kongreß bringen. Der Kongreß war mein Reiseziel: der erste Kongreß der Staatspartei von Guinea-Bissan, die in den Jahren des Unabhängigkeitskampfes Befreiungsbewegung gewesen war. Ich kam als Gastdelegierte.
Jetzt sehnte ich mich aber zunächst nach Wasser, Seife und leichteren Kleidern. Ich bat also, erst ins Hotel zu dürfen. Zwar hatten die Leute vom Protokoll ihre Bedenken, denn die Sitzung, sagten sie, fange gleich an, aber schließlich wurde ich doch ins Hotel gebracht. Dort war ein Steinboden im Eingangsraum, eine Steintreppe nach oben, Steinboden im Zimmer, dem Klima angepaßt. Eine Frau war gerade dabei, mit dem Reisigbesen das Zimmer auszufegen, aber nun stellte sie den Besen hin und schaute gespannt zu, wie ich meinen Koffer öffnete, ein helles Kleid, Seife und Haarbürste herausnahm. Im kleinen Waschraum drehte ich den Wasserhahn auf und seifte mir die Hände ein – aber kein Wasser kam. Jetzt fragte ich mit Gesten die Frau, die dem allen gespannt gefolgt war, ob es kein Wasser gäbe. Sie schüttelte lebhaft mit dem Kopf und sagte mit Nachdruck: »Savon« – Seife! Ja, die hatte ich schon an den heißen und schmutzigen Händen. Also kein Wasser, und schon klopfte es an der Tür: »Bitte, wir müssen losfahren!« Tempotaschentücher mußten herhalten, das leichte Kleid wurde übergestreift, die Haare in Ordnung gebracht, die Kongreßpapiere, schon auf dem Flugplatz überreicht, und meine Handtasche gegriffen und los ging's.
Da hatte man in kürzester Zeit eine Kongreßhalle aufgebaut, denn es gab in der Stadt sonst keinen Raum, der groß genug gewesen wäre, um mehrere hundert Delegierte und eine große Menge Helfer aufzunehmen. Die elektrische Einrichtung war am Abend vorher gerade noch fertig geworden, und nun gab es Mikrophone und eine sogenannte Simul-

tananlage, das heißt, die Möglichkeit für direktes Übersetzen und durch Kopfhörer Abhören in einer anderen Sprache. Ich weiß nicht, wie viele Sprachen übersetzt wurden, es müssen aber sehr viele gewesen sein. Denn später durfte jeder Gastdelegierte eine kurze Begrüßungsansprache halten, und diese Delegierten kamen aus Ungarn, Frankreich, Korea, China, Kuba, Polen, Vietnam, DDR, Portugal, Angola, Italien, Holland, Schweden, UdSSR, Jugoslawien, Senegal, England, Mozambik; ich kann die Länder gar nicht alle aufzählen.

Im Saal saßen wir Gastdelegierten auf einer Bühne, den ordentlichen Delegierten erhöht gegenüber. Die beiden vordersten Reihen unserer Bühne waren für die Staats- und Parteiprominenz freigehalten. Gegenüber auf einer Empore waren andere Gäste. Keiner, der den Saal einmal betreten hatte, durfte ihn wieder verlassen, bis nicht offiziell Pause oder Ende der Sitzung war. Ich ließ mich auf dem mir zugewiesenen Stuhl nieder. Eine ganze Stunde verstrich mit Warten, bis die Prominenz kam. Sie schritt feierlich in afrikanischen Kleidern daher, und alle im Saal standen auf und klatschten in die Hände. Nach einigen Begrüßungsreden nahm der Staatschef und zweithöchste Parteifunktionär das Wort zu einer langen Rede. Die Kopfhörer waren inzwischen an uns verteilt worden; ich bekam einen gemeinsam mit meinem Nachbarn, einem Algerier. Wir drehten die Hörmuscheln nach außen und jeder horchte – Französisch – an der ihm zugewandten Muschel. Die Rede befaßte sich mit der Wirtschaft. Ich wurde aber bald so müde, daß ich meinem Nachbarn den ganzen Hörer überließ und alle Konzentration nötig hatte, nicht auf der Stelle einzuschlafen. Ich sehnte mich nach nichts so sehr, als den Kopf auf den Tisch vor mir legen zu dürfen! Aber das ging ja auf keinen Fall auf dem Bühnenplatz, auf dem ich saß! Endlich gab es eine Pause. In der Eingangshalle gab es frische Getränke, man plauderte, aber um ein Uhr mittags wurden alle wieder in den Saal gebeten, und die Rede ging weiter. Ich hatte nun einen eigenen Kopfhörer und konnte mich im Interesse an der Sache wach halten. Es ging um Finanzen, Handel, Verkehr, Ausfuhr, Schiffbau ... Rings sah ich Delegierte, denen die Augen zu fielen, und auf einmal schreckte mich allgemeines Beifall-

Fischer am Strand von Togo

klatschen auf. Der Redner hatte eine kurze Pause gemacht; ich merkte, daß ich doch eingeschlafen war.

Zum Mittagessen war ich beim portugiesischen Botschafter eingeladen. In einem angenehm kühlen Raum wurde für etwa zehn Personen kalte Fischcreme aufgetragen und anschließend ein ebenfalls kaltes Spanferkel in schwärzlichem Gelee mit scharfer Pfeffersoße. Nun esse ich eigentlich alles recht gerne, was mir im fremden Land angeboten wird, aber dies sagte mir nicht zu, vermutlich aus Übermüdung. Ich quälte mich mit kleinen Portionen und kam erst wieder richtig zu mir, als in einem hübschen Zimmer mit Blick in den blühenden Garten Kaffee serviert wurde und Musik von Händel dazu erklang.

Ich habe es bedauert, daß ich den Reden auf dem Kongreß zunächst nicht recht folgen konnte, denn sie gaben alle zusammen offenbar eine gute Beschreibung von der wirtschaftlichen und politischen Lage des Landes, dessen Regierung sich redlich bemühte, den Nullpunkt, an dem man sich bei der Übernahme befunden hatte, zu überwinden. Immerhin konnte ich das aus dem größeren Teil der Reden verstehen, die noch folgten.

Die Kapverdischen Inseln waren mit Guinea-Bissau zusammen eine portugiesische Kolonie gewesen. Eine Befreiungsbewegung hatte gemeinsam in beiden Landesteilen gekämpft, aus ihr war die gemeinsame Staatspartei geworden. Auf dem Kongreß wurde wiederholt das Ziel genannt, einen vereinten Staat und eine gemeinsame Regierung zu bilden. Dem standen allerdings viele Schwierigkeiten entgegen. Eine davon waren die schlechten Verkehrsverbindungen vom Festland zu den weit draußen im Atlantik verstreut liegenden Inseln.

In weiteren Reden wurden den Delegierten Pläne für die nächste Zukunft erläutert, zu denen ihre Zustimmung erwünscht wurde. Ich konnte nicht beurteilen, ob diese Pläne realistisch waren oder übers Ziel hinausschossen. Dazu hätte ich die Verhältnisse viel besser kennen müssen. Es war auch nicht ohne weiteres möglich, das gewandelte Verhältnis zu Portugal richtig zu verstehen, das sich nach Kolonialzeit und Befreiungskampf sogleich in ein freundschaftliches verwandelte. Portugal selber befand sich nach der Niederwerfung einer vierzigjährigen Diktatur in den schwierigsten Anfängen seiner demokratischen Entwicklung, und seine eigene wirtschaftliche Lage war nach dem Verlust der afrikanischen Länder nicht rosig.

Die außenpolitischen Passagen der Reden leuchteten mir ein. Immer wieder wurde betont, daß die junge Regierung in keine neue Abhängigkeit geraten, ihre vielfältigen freundschaftlichen Beziehungen aber pflegen und dabei als Doppelstaat einen eigenen Weg suchen wolle. Verbündete boten sich in den blockfreien Ländern an.

Es hat mich sehr beeindruckt, wie viele Gastdelegierte aus aller Welt, besonders aus afrikanischen Ländern, angereist waren. Das zeigte, wie sehr in diesem kleinen, schwachen Land ein Vorbild gesehen wurde, ein Markstein im Prozeß zu eigener Staatlichkeit. Hier sahen viele die Bestätigung des eigenen Weges und ein Beispiel für den eigenen Freiheitskampf.

Nach dem dreitägigen, sehr anstrengenden Kongreß sollte ich zusammen mit zwei anderen Kollegen eine kleine Rundreise machen, um noch etwas vom Land selbst zu sehen.

Als Politiker hat man kaum Zeit, die Eindrücke einer solchen Reise in Ruhe zu sammeln. Und doch müßte man das tun, denn vom Urteil der Politiker kann später viel abhängen. Sieht man sich aber heute noch ein Projekt im tiefsten Afrika an, so sitzt man morgen schon wieder zu Hause in einer Wählerversammlung und diskutiert Probleme des deutschen Wohnungsbaus oder anderes. Man muß eine gute Kondition haben, will man mitten aus den dicht gepackten Arbeitsverpflichtungen zu Hause und in Bonn eine kurze politische Reise im Ausland mit Gewinn durchstehen. Schon bei seiner Ankunft überreicht man dem Politiker üblicherweise ein vollbeladenes Programm, das ihn von morgens bis abends in offiziellem Trab hält. Er macht Besuche bei den verschiedensten Persönlichkeiten des öffentlichen Lebens, spricht mit Ministern oder wird auch vom Staatsoberhaupt empfangen, er betrachtet Häfen, Schulen, Fabriken, Entwicklungsprojekte aller Art, und das alles unter dem Eindruck eines raschen, harten Klimawechsels. Oft hat er auch seine Uhr umstellen müssen und lebt nun entgegen seinem Körperrhythmus in einer anderen Tageszeit. All die Gespräche und Besuche kann er gar nicht bestehen, wenn er sich nicht schon vor der Reise gründlich informiert hat. Wie soll er Fragen stellen, wenn er nicht weiß, welche Probleme ihm begegnen werden! Das Zu-Hause-Informieren ist aber nicht einfach, weil ja die übrigen Pflichten bis zur Stunde der Abreise dringend genug sind: So findet man denn den Politiker im Flugzeug mit Papieren eingedeckt, lesend und studierend auf der Reise.

Auch wenn ihm im Besuchsland noch soviel abverlangt wird an Aufmerksamkeit und Teilnahme an den verschiedensten Gegenständen, am Sich-immer-wieder-Einstellen auf neue Gesprächspartner, er darf niemals vergessen, daß er als Politiker Vertreter seines eigenen Landes ist. Sein Auftreten bestimmt oftmals den Eindruck, den seine Gastgeber, ob

er das will oder nicht, von seinem Land, seinem Parlament und seiner Regierung gewinnen.
Jedes Land ist anders. Auch ein erfahrener Außen- oder Entwicklungspolitiker tut gut daran, sich auf jede Reise gründlich vorzubereiten. Die Gespräche im Gastland werden wesentlich erleichtert, wenn der Reisende eine fremde Sprache spricht; in den meisten Fällen ist Englisch oder Französisch nützlich. Zwar wird bei offiziellen Gesprächen immer ein Dolmetscher zugezogen, damit möglichst kein Fehler in der Verständigung entsteht; es ist auch leichter, in der eigenen Sprache die passende Formulierung zu wählen, die im diplomatischen Verkehr angemessen ist. Aber nicht immer und überall können Dolmetscher zugegen sein, so daß oft die eine oder andere Begleitperson, die der Sprache mächtig ist, das Übersetzen übernimmt.
Einmal, als ich zusammen mit drei Kollegen das Staatsoberhaupt eines westafrikanischen Landes besuchte, übernahm ein Angehöriger der deutschen Botschaft das Dolmetschen. Der Staatspräsident empfing uns in einem besonders schönen afrikanischen Gewand. Wir sprachen über Politik und Wirtschaft; er drückte seine Kritik darüber aus, daß die Bundesrepublik mit Südafrika in so vorzüglichen Handelsbeziehungen stehe. Ich bestätigte, daß auch wir dies als ein großes Problem sehen, daß wir aber auch die Situation vieler afrikanischer Länder kennen, die ebenfalls mit Südafrika Handel treiben, obgleich sie das dortige rassistische Regime leidenschaftlich verurteilen. Wir verstünden, daß ihre wirtschaftliche Lage ihnen oft keinen anderen Ausweg biete. Der Staatschef antwortete mit einem halben Lächeln, kam aber noch einmal auf die bedrängte Lage der Schwarzen in Südafrika zurück, denen wir mit unserer Wirtschaftskraft den Schaden zufügten, das Regime dort zu unterstützen. Ich wisse wohl, sagte ich, daß diese starke deutsche Wirtschaftskraft sich nachteilig für die schwarze Bevölkerung auswirke. Aber nun klappte es mit der Übersetzung nicht mehr. Unser »Dolmetscher« hielt es offenbar für nötig, etwas zu übersetzen, das nach seiner Meinung dem offiziellen diplomatischen Sprachgebrauch folgte, nämlich: Frau von Bothmer glaube schon, daß das deutsche Wirtschaftsengagement

Fischer am Rudolf-See in Kenia

den Schwarzen helfe, weil sie Arbeit und besseren Verdienst bekommen könnten. Ich muß wohl ein erstauntes Gesicht gemacht haben; jedenfalls sah der Staatspräsident mich fragend an und in schnellem Begreifen blinzelte er mir verständnisvoll zu – er hatte ganz gut verstanden, was ich meinte. Und auch das Bemühen unseres diplomatischen Begleiters, nämlich eine in seinen Ohren extreme Äußerung abzumildern.

Aber zurück zur kleinen Reise in Guinea-Bissau. Am heißen Mittag saßen wir zu dritt im Auto, zusammen mit einem offiziellen Begleiter und dem Fahrer. Zwischen hohem Schilf ging es eine holperige Straße entlang. »Hier ist überall Sumpf und Wasser«, sagte der Begleiter. »Dort vorne an der Brücke können Sie über das Schilf hinwegsehen.« Ja, da sahen wir einen schwarzen Wasserarm, wild überwuchert von allerlei Pflanzen, moorigem Grün-Grau und Schilf so weit das Auge reichte. Ein paar schneeweiße Reiher standen im Schilf, und graublau glänzende Vögel flogen auf. Unser Begleiter sah zur anderen Seite der kleinen Brücke über die feuchte Wildnis hin und sagte: »In jene Richtung verläuft einer der größeren Arme des Mündungsdeltas.«

»Dort ist es wohl«, sagte einer der Mitreisenden, »wo diese merkwürdige Reisflotte herumschippert?«

Wir hatten nämlich von einem Projekt gehört, das zur Sicherung der Ernährung dient. Mit kleinen Barkassen wird Erntegut weit ins Land hineingefahren zu dort aufgestellten Speichern. Aber das ist ein sehr schwieriges Unternehmen, denn die Gewässer sind nicht nur voller Untiefen und voll Schilf, sie haben den Gezeiten entsprechend eine ganz verschiedene Wasserhöhe, der Unterschied kann bis zu fünf Meter ausmachen. Portugiesen, die sich von eh und je auf die dortige Schiffahrt verstehen, übernehmen daher diesen Transport.

Wir setzten unseren Weg fort und kamen endlich an ein breit fließendes Gewässer. War es der Fluß? Nein, nur der Hauptarm eines Flusses. Eine Fähre lag bereit zum Übersetzen: ein flaches Floß, aus Holzstämmen aneinandergefügt, das an einem starken Drahtseil hinüber- und herübergezogen werden konnte. An der Anlegestelle warteten schon viele Menschen mit Traglasten, Ziegen und Schafen. Kinder sprangen hin und her.

Es war ein buntes Gewimmel, und alles drängte zwischen zwei Lastwagen und unserem Auto auf die Fähre. Dicht zusammengedrängt glitten wir über das fast schwarze, schnell strömende Wasser. Ich bildete mir ein, Krokodile unter der Wasserfläche lauern zu sehen. Wir standen dicht am Rand der Fähre. Mein Freund G. hob seinen Fotoapparat ans Auge und stellte ein bißchen daran herum – und stieß einen Schreckensruf aus! Da war etwas heruntergefallen, seine wertvolle Vorsatzlinse verschwand im Wasser. Er starrte entgeistert in die gurgelnde Flut. Ob ein Krokodil daran wohl Spaß haben würde?

Die Anlegestelle war sehr zertrampelt und aufgeweicht, aber mit einigem Glück erreichten wir festeren Boden. Die Fahrt ging nun durch einen ziemlich dichten und dunklen Wald, unangenehm schrille Schreie erschreckten uns. »Affen«, sagte unser Begleiter. Wir ließen das Auto zurück und gingen einen schmalen Pfad entlang, auf einen matten Lichtschein zu. Bald stand rechts und links nur noch hohes Schilf, und wir traten hinaus in eine glühende, feuchte, insektendurchschwirrte Helle. Immer öfter mußten wir über Wasserlöcher springen, bis der Pfad bei einem umgehauenen Stamm an einer breiten Wasserfläche endete. Wir schauten geblendet um uns.

Zwei Männer kamen in einem Boot heran und wollten an dem wackeligen Steg vor uns festmachen. »Oh«, rief Freund G., »ein Einbaum! Ob man darin mal fahren kann?« Unser Begleiter sprach mit den beiden Bootsleuten, und wirklich, der eine stieg aus und räumte seinen Platz für den Gast, aber Freund E. wollte auch mit und ohne mich wollten sie schon gar nicht los! Also kurzerhand einer den anderen angefaßt und hineingeklettert. Das war schon schwierig genug, denn ein Einbaum ist ein Stück ausgehöhlten Baumstammes, der sehr empfindlich auf jede Bewegung reagiert. Er senkt sich jeweils seitlich tief bis ans Wasser, so daß nicht wenig fehlt, und man kippt einfach hinaus. Es will also verstanden sein, mit einem solchen Boot umzugehen, und mehr als zwei Leute schienen in dem kleinen Fahrzeug gewöhnlich nicht zu sitzen. Die Freunde waren hell begeistert, und, nicht gerade zierlichen Körperbaus, bewegten sie sich auch nicht eben geschickt, ja der längere stand unge-

stüm auf und wollte, wie er es gesehen hatte, mit dem Ruder das Boot selber antreiben. Es hätte nicht viel gefehlt, und wir hätten alle in dem brackigen, schlinggewächsreichen Wasser gelegen. So bewirkte die heftige,plötzliche Neigung des Bootes nur, daß der Fotoapparat, zwar vom Lederriemen festgehalten, ganz gebadet wurde, und wir, vor allem ich, am hinteren Ende des Bootes bis zum Gürtel ins Wasser tauchten.
»Nein danke«, sagte ich. »Macht nur alleine weiter«, und kletterte noch eben wieder auf den Steg zurück, bevor die drei im Boot tatsächlich »in See stachen«. Sie entschwanden meinen Blicken hinter dem vorgeschobenen Schilfgürtel, und bald hörte ich nichts mehr von ihnen, es war absolut still. Unsere Begleiter waren inzwischen weggegangen.
Ich setzte mich auf den Baumstamm und versuchte, Schuhe und Strümpfe in der kochenden Sonnenhitze zu trocknen. Viel lieber hätte ich mir einen Schattenplatz gesucht, aber meine Kleider mußten ja auch trocknen. Es blieb lange ganz still um mich her. Hie und da ein fremder Vogelschrei. Ob meine Bootsleute je zurückkommen würden? Wenn sie nun umgekippt waren und wenn Krokodile... Nein, das mochte ich gar nicht denken. Allmählich wurde es mir fast unheimlich, denn sie blieben sehr lange aus. Ich überlegte, ob ich notfalls den Weg zurück zum Wagen fände. Endlich hörte ich fröhliche Stimmen. Das Boot erschien neben einer Schilfwand. Meine leichtherzigen Freunde hatten inzwischen offensichtlich begriffen, daß man besser tut, sich nach dem Vorbild des erfahrenen Bootsführers zu richten. Nun kletterten sie sehr vergnügt auf den Steg: »Da hast Du etwas versäumt, Du hättest nur mitkommen sollen.«
Wir erreichten in bester Stimmung ein kleines Gasthaus an der Straße im Wald, nicht weit von der nächsten Siedlung. Offenbar kamen hier viele Menschen vorbei. Es schwirrte von Fliegen, aber wer wäre nicht froh gewesen, eine Flasche Limonade zu bekommen nach so vielen Stunden in der Hitze?
Wir fuhren weiter in eine kleine Stadt. Da waren an drei Parallelstraßen locker angebaute Häuser auf überschaubarem Platz wie eine Spielzeugsiedlung angelegt, mitten in der weiten Baum- und Buschlandschaft.

Das Haus des Präfekten der Region hatte eine Steintreppe. Er empfing uns mit kühlen Getränken. Vor allem zu betrachten war die Schule in der Mitte der Ansiedlung. Viele Schüler wohnten dort auch. Eine kleine Truppe von ihnen wurde uns in militärischer Ordnung vorgeführt, alle in blauen Kitteln. Der eben vorübergegangene Befreiungskrieg wirkte sich offensichtlich noch aus. Noch wollte niemand den Stolz über den errungenen Sieg ablegen. Und auch nach dem, was der Schulleiter erzählte, mußten wir wieder staunen über die Zähigkeit und Entschlossenheit, mit der die Bevölkerung, Männer, Frauen und Kinder, den so aussichtslos scheinenden Kampf gegen eine schreckliche Übermacht zu ihrer Sache gemacht hatten, und wie sie es endlich wirklich geschafft hatten. In Europa, in Amerika hatte man ihnen wenig Chancen gegeben, viele taten sie als »Rebellen« ab. Der Kampf eines unterdrückten Volkes gegen bestehende Ordnung, wie immer diese Ordnung auch beschaffen sein mag, gilt weithin als eine Störung, die man schon aus internationalen Geschäftsinteressen heraus nicht billigen mag, die man kurzerhand zum »Unrecht« stempelt.
Es war schon Nacht, als wir in unser Quartier zurückkamen. Auf der Terrasse des altmodischen Hotels saßen wir zusammen und besprachen die Erlebnisse des Tages, zu müde, um zu Bett zu gehen und zu heiß, um nicht noch etwas Kühles trinken zu wollen. »Wasser hätte ich gerne«, sagte ich. Es wurde uns in Gläsern auf den Tisch gestellt; aber wir waren nachdrücklich davor gewarnt worden, Leitungswasser zu trinken. So hatte ich auch schon zum Zähneputzen Kognak aus der Reiseapotheke benutzt, der zusammen mit Zahnpasta abscheulich schmeckte. »Nein, bitte«, sagte E. »Wasser in der Flasche.« Es dauerte einige Zeit, bis verstanden worden war, was er meinte. Wir merkten zu spät, daß der Kellner an einem Seitentisch die Gläser einfach in eine offene Karaffe geschüttet hatte. Nun stellte er sie mit mißbilligendem Gesichtsausdruck wieder hin. Wir hatten natürlich Mineralwasser in der verschlossenen Flasche gemeint. Aber das gab es offenbar nicht. Da war nichts zu machen, auf neue Auseinandersetzungen mochte sich niemand einlassen, so bestellten wir Bier, um doch etwas trinken zu können.

Am nächsten Morgen mußten wir sehr zeitig aufstehen: Um sechs Uhr sollte uns ein kleines Flugzeug über Dakar zu den Kapverdischen Inseln bringen. Um Viertel nach fünf Uhr war das Auto schon da, um uns abzuholen. Zum Frühstück blieb also keine Zeit mehr. Wir trösteten uns damit, auf dem Flugplatz vielleicht noch ein Stück Brot und Kaffee bekommen zu können. Aber dort gab es keine solche Möglichkeit. Auch brachte man uns direkt zu unserem Flugzeug, das weit hinten auf dem Flugfeld stand. Noch war es draußen angenehm frisch, aber wir wurden hineinkomplimentiert, und die Tür wurde geschlossen. Und da saßen wir fast zwei Stunden, ohne daß das mindeste geschah. Inzwischen war die Luft wie in einem Backofen in dem geschlossenen Raum, und wir atmeten auf, als endlich die Reise losging.
Wir konnten unter uns die Landschaft weithin erkennen, denn wir flogen nicht sehr hoch. Wir sahen den Fluß, das ganze Mündungsgebiet, die vielen kleinen Inseln, die zerklüftete Küste. Unsere Maschine machte einen unglaublichen Lärm, wir konnten kaum ein paar Worte miteinander wechseln. Außerdem knarrte und klapperte sie sehr unangenehm an allen Ecken. Nach anderthalb Stunden landeten wir in Dakar. Wir glaubten, es gehe gleich weiter nach Preia, der Hauptstadt auf den Kapverden. Aber die beiden Piloten sagten, sie müßten erst Geld in der Stadt holen, in zwei bis drei Stunden sollte der Flug weitergehen. Also fuhren auch wir mit einem Taxi in die Stadt und liefen ein wenig herum. Inzwischen hatten wir Hunger und hätten gerne gegessen, aber weil dieser Aufenthalt gar nicht vorgesehen war, hatten wir nicht genug Geld gewechselt; die Banken waren über Mittag geschlossen. So erwehrten wir uns der Straßenhändler, die uns Schmuck über die Arme und Tücher um den Hals hängten, und sahen in vielerlei wundersame Läden und Gewölbe hinein, in denen Gewürze, Gemüse, Fleisch, Stoffe und Schmuck zum Verkauf angeboten wurden.
Pünktlich waren wir wieder auf dem Flugplatz und hielten nach unseren Piloten Ausschau. Die Maschine sahen wir auf dem Flugfeld, aber weit und breit keine Piloten. Wir kratzten unser letztes Kleingeld zusammen und kauften uns je ein belegtes Brot; dann gingen wir auf Suche im

Flughafengebäude. Da saßen die beiden gemütlich in der Mannschaftskantine und hielten ein gutes, ausgedehntes Mahl. Sie dachten offenbar gar nicht an Aufbruch. Uns kam die Galle hoch, denn wir wußten, daß der Flug nach Preia mehrere Stunden dauern würde, daß es gegen sechs Uhr abends dunkel wird, und daß es unser einziger Abend in Preia sein würde. Eigentlich wollten wir uns einen halben Tag dort aufhalten, deshalb hatten unsere Gastgeber den Abflug in Bissau so früh angesetzt.
Die beiden wollten sich erst gar nicht stören lassen, als wir versuchten, ihnen dies auseinanderzusetzen. Endlich war es dann doch soweit, und wir kletterten in unseren Klapperkasten zurück. Los ging es, nicht ohne die selbstzufriedene Frage der Piloten, ob wir nicht sehr zufrieden seien über ihre Eile.
Ich weiß nicht mehr, ob es drei oder vier Stunden waren, die wir nun in ein paar hundert Metern Höhe übers Meer klapperten. Weit und breit war nichts zu sehen als Himmel und Wasser, und allmählich stieg schon die Dämmerung herauf. Da drehte sich der Copilot um und machte uns darauf aufmerksam, daß wir jetzt gleich landen würden. Landen! Ich sah nur Wasser. Nach einer Weile tauchte eine schwarze Klippe steil auf: »Da!« winkte der Copilot: »Preia!«.
Ob man da wirklich landen konnte? Ich fühlte mich den Wechselfällen dieser Reise schon so ausgeliefert, daß ich skeptisch nach unten sah. Aber tatsächlich zeigte sich auf der anderen Seite der Klippe, wie ich jetzt sah, ein kleiner Platz und ein paar Häuser. Da schwenkten wir auch schon ein und landeten. Fast zugleich mit dem Einbruch der Nacht. Noch konnte man ein wenig sehen, und die Regierungsvertreter, die uns empfingen, waren so freundlich, gleich eine Rundfahrt mit uns zu unternehmen, solange das Tageslicht noch nicht völlig verschwunden war. Es ging durch die Stadt und zum Hafen und jenseits ein Stück die Berge hinauf. Das Gestein dort war ganz schwarz. Im Hafen lagen ein paar Schiffe und kleine Boote waren noch in Bewegung. Am Kai entlang standen Warenschuppen. Wir erfuhren, daß Preia früher als Zwischenstation für Schiffe auf großer Fahrt gedient hatte. Heutzutage legen die Schiffe größere Strecken ohne Halt zurück, und im Hafen ist es still geworden.

Die Stadt machte einen freundlichen Eindruck. Auf den Straßen standen Bäume, und die Häuser hatten das Aussehen südeuropäischer Häuser des 19. Jahrhunderts. Es gab auch kleine Gärten. Viele Menschen, vor allem Schulkinder, trugen weiße Kleider. In Preia ist die weiterführende Schule für alle Kinder der Kapverden. Über Bäume und Gärten war ich deshalb so erstaunt und über die weißen Kleider, weil es hier, wie man uns sagte, acht Jahre lang nicht geregnet hatte. Aber Preia hat offenbar tiefe Brunnen. Jetzt war es völlig Nacht, und wir sahen in den sehr einfachen Häusern der Vorstadt lichterhelle offene Türen, auf deren Schwellen die Leute saßen, um die frische Abendluft zu genießen.
Zunächst gab es nun ein Treffen mit Regierungsmitgliedern und Beamten. Sie sprachen über die Situation der Inseln und über die der Hauptstadt Preia, über den zurückgegangenen Schiffsverkehr und den darniederliegenden Handel. Wir versuchten zu klären, was die Bundesrepublik tun könne, um das Leben der Bevölkerung zu verbessern und ihnen die Hilfe zu geben, die ihre eigene Weiterentwicklung möglich machen sollte. Auf der Nachbarinsel Fogo gab es ein deutsches Agrar-Entwicklungsprojekt. Ein Wasserspeicher war installiert worden, Gemüseanbau war eingeführt worden; das Projekt trug sich schon aus eigenen Mitteln. Der Brunnen fördert inzwischen genug Wasser auch für die Bevölkerung der Insel. Ein zweites deutsches Projekt auf Fogo soll die Erosion des Bodens verhindern, es soll verhindern, daß der fruchtbare Boden vom ewigen Wind weggeblasen und von Mensch und Vieh von dem steinigen Grund der Insel weggetreten wird. So werden Terrassen angelegt, auf denen Gärten und Felder entstehen, ebenso hat man mit dem Pflanzen von Bäumen angefangen. Dazu braucht man ebenfalls Pumpstationen, um das tiefe Wasser heraufzuholen. Allmählich beginnt das alles schon, Fortschritte zu machen. Für das Gemüse und die Hirse-Ernte werden Lagerhäuser gebaut, und für den ganzen Betrieb braucht man Werkstätten; neue Häuser für die Verwaltung und für die Arbeiter sind im Entstehen, und bisher haben hier etwa tausend Menschen Arbeit gefunden.
Meine Kollegen wurden nach der Sitzung in ein Hotel gebracht, das

man, wie man sagte, mir nicht zumuten wolle. Mich brachte man zu einer Frau, die Gäste nahm und die mich durch eine große Halle gleich eine Treppe hinauf in mein Zimmer führte. Die Unterhaltung mit ihr war außerordentlich schwierig, weil sie nur Portugiesisch verstand. Aber freundliche Gesten versteht auf der ganzen Welt jedermann. Am anderen Morgen ging es früh zurück zum Festland, schnell war die schwarze Insel im weiten Meer aus unseren Augen verschwunden.

Vielleicht gibt mir Preia in der Erinnerung immer den Eindruck des geheimnisvoll Fernen, weil ich es nur eine Nacht erlebt habe und weil der abenteuerliche Flug die Entfernung von allem bisher betretenen Boden noch sonderbar vergrößerte. Jedenfalls hat diese Inselstadt ein eigenes Gesicht: nicht afrikanisch, nicht europäisch, aber von beiden etwas und gerade deshalb fand ich sie außerordentlich reizvoll.

Gegenseitig voneinander lernen
Entwicklungshelfer vor der Ausreise und nach der Rückkehr

In Berlin werden vom deutschen Entwicklungsdienst (DED) junge Menschen darauf vorbereitet, Entwicklungshelfer zu sein. Sie sollen befähigt werden, in den Ländern der dritten Welt das auszuführen, was Politiker, Organisationen und Verbände zu tun vorschlagen und planen und wozu öffentliche Gelder gegeben werden. Entsprechend senden auch kirchliche Organisationen Helfer hinaus.
Als ich bei den künftigen Entwicklungshelfern zu Besuch war, haben wir einmal alle die Eigenschaften zusammengetragen, von denen wir glauben, daß ein Entwicklungshelfer sie haben solle. Dabei haben wir die schwierigen Arbeitsbedingungen im Entwicklungsland bedacht, die ihn in fremder Umgebung unter fremden Menschen erwarten. Es gab eine lange Liste: Anpassungsfähigkeit, Charakterfestigkeit, Bereitschaft, sich dauernd mit Konflikten auseinanderzusetzen, Kompromißbereitschaft, pädagogisches Geschick im Umgang mit anderen Menschen, Einfühlungsvermögen, Bescheidenheit, Nicht-Überheblich-Sein, Einfallsreichtum, Gesprächsbereitschaft, Organisationsfähigkeit . . .
»Ja«, sagte einer daraufhin. »Da weiß ich wirklich nicht, wieso man mich in die Vorbereitung aufgenommen hat, denn das müssen ja alles Prachtmenschen rundherum sein!«
Da hatte er recht, denn kaum jemand hat alle diese Eigenschaften zugleich. Dieses Auflisten brachte aber zum Ausdruck, wie hoch die künftigen Entwicklungshelfer ihre Aufgabe einschätzen.

Sie meinten, all das fordern zu müssen. Und sicher ist das auch nicht falsch.
Ich will ein Beispiel wiedergeben, wie es dort als Arbeitsgrundlage zur Verfügung stand, eine tatsächliche Arbeitssituation, in der sich ein früherer Entwicklungshelfer befunden hatte. Da war eine Schule für geistig behinderte Kinder; ein Psychologe oder Sonderschullehrer war angefordert worden. Er sollte neben dem Unterricht in der Schule zugleich den pädagogischen Direktor beraten und die Lehrer fortbilden. Allein diese Aufgabenstellung zeigt, wie schwierig die Situation für den Entwicklungshelfer war. Er war dem pädagogischen Direktor gleichgeordnet, sollte ihn aber beraten, er war den Lehrerkollegen vorgeordnet und sollte sie, die keine pädagogische Ausbildung hatten, am Arbeitsplatz ausbilden. Zugleich übernahm er eine doppelte Arbeitslast: selber unterrichten und Kollegen ausbilden. Weiter wurde von ihm erwartet, daß er die Schule nach außen hin gut vertrat, dem Gastland Ehre machte und auf Elternversammlungen positiv für die Schule sprach. Denn die Schule hing ab von verhältnismäßig hohem Schulgeld und von ausländischen Spenden. Der Entwicklungshelfer mußte mit allen gut auskommen, sollte nicht die Schule selbst, und damit die behinderten Schüler, empfindlich gestört werden.
Und wie kam der Entwicklungshelfer hier und wie kommt er überhaupt sprachlich zurecht? Zwar lernen die Entwicklungshelfer in ihrer Vorbereitungszeit Englisch und Französisch, soweit sie das nicht schon sehr gut können, denn in fast allen Ländern der Dritten Welt gilt eine europäische Sprache als offizielle amtliche Sprache: in Afrika im Osten und Süden fast durchweg Englisch, im Westen und Norden Französisch, bis auf die drei ehemals portugiesischen Kolonien. Lebt man aber irgendwo im afrikanischen Busch, dann kommt man damit nicht aus. Es gibt unzählig viele Stammessprachen, die in einem Land von Region zu Region so verschieden sein können, daß sich die Menschen untereinander nicht verständigen können. Der Entwicklungshelfer muß also versuchen, die Sprache zu lernen, die an seinem Einsatzort gesprochen wird; er muß sie beim Sprechen im Dorf verstehen lernen und auffassen.

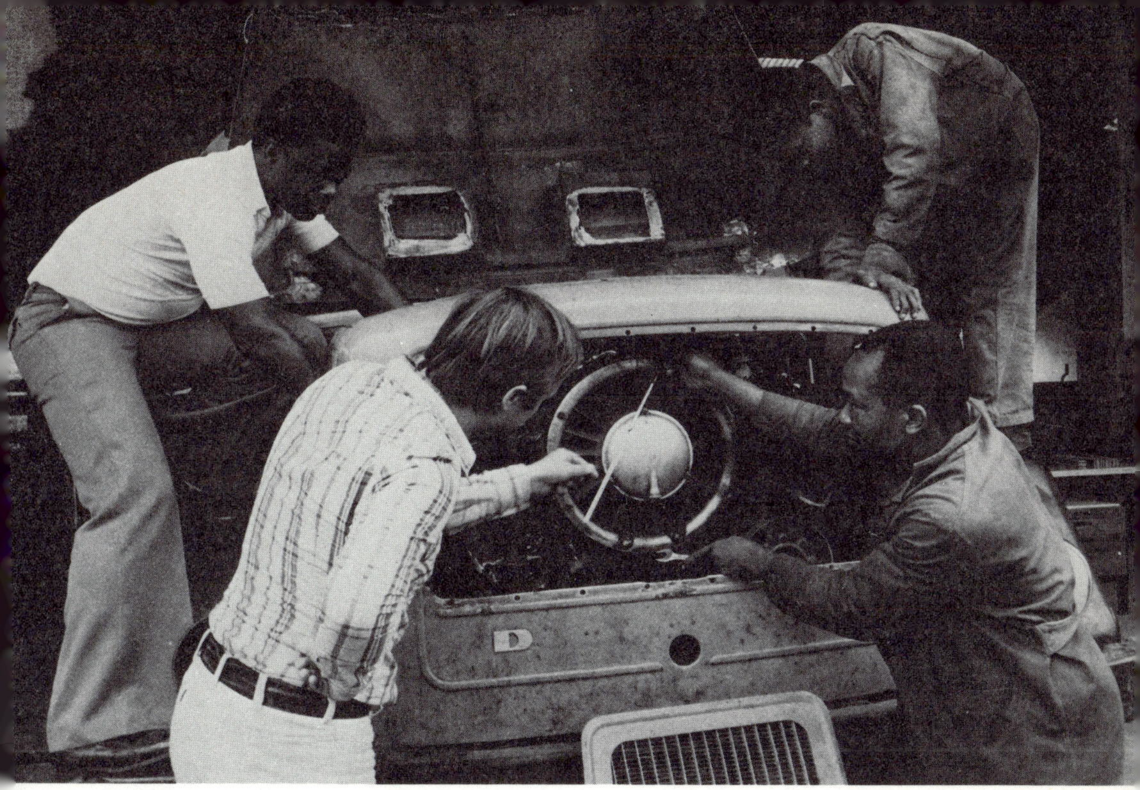

Entwicklungshelfer in Kamerun

Entwicklungshelfer müssen Fachkräfte sein: Sie müssen eine volle Berufsausbildung durchgemacht und wenigstens zwei Jahre Erfahrung in ihrem Beruf gesammelt haben. Dann sucht sich noch der DED durch verschiedene Tests diejenigen unter den Bewerbern aus, die er für wirklich geeignet hält. Die Anforderungen sind nicht gering; sie können aber auch nicht gering sein, weil jeder einzelne große Verantwortung übernehmen muß.

Als ich sie besuchte, wußten die zukünftigen Helfer schon, wohin sie gehen würden und was ihre Aufgabe dort sein sollte. Zwei Forstwirte sollten nach Togo – sie hatten inzwischen über afrikanische Baumarten, Pflanzenwelt und Klimabedingungen ihr Wissen erweitert. Sie sollten dann noch einige Monate mit einem Förster in Togo zusammenarbeiten, ihr Aufgabenfeld genau kennenlernen und dann zusammen mit afrikani-

schen Helfern und solchen, die sie anlernen müssen, selbständig Aufforstung, Baumpflege und Beratung leisten.
Ein paar Landwirte sahen ihren Aufgaben in Gabun und Kamerun mit Zuversicht entgegen. Unter anderem dem Anbau der notwendigen Getreide und Gemüse und der Viehzucht. Auch diese werden an ihrem Bestimmungsort erst lernen, was sie besonders wissen müssen, um verantwortlich in Westafrika fachlich arbeiten zu können. Ein Arzt sollte nach Ober-Volta; in der Hauptstadt Ouagadougou wird er in seine Aufgaben eingeführt, und dann wird er vielleicht eine Krankenstation im Busch betreuen. Das verlangt natürlich von ihm, daß er mit den Krankheiten, die dort auftreten, vertraut ist, daß er die Lebensumstände der Leute dort kennt, damit er raten, vorbeugen und helfen kann. Von ihm kann man ganz gewiß annehmen, daß er die dortige Stammes- oder Regionalsprache aufgreifen wird, wie sollte er sonst mit den Patienten reden können?
Das wird auch die Krankenschwester müssen, die in ein Lepra-Dorf nach Togo geht. Dort wird sie, wie übrigens ihre Kollegen in den meisten Fällen, die einzige Weiße sein, weit von der nächsten Siedlung und eventuellen deutschen oder europäischen Kollegen entfernt. Sie wird zusammen mit einem afrikanischen Pfleger die Kranken versorgen. *»Ich habe mich schon in der Schule für die Ferne, für das Abenteuer glühend interessiert«*, erzählte sie. *»Ich konnte gar nicht genug Bücher finden, die mir davon erzählten. Als wir dann einmal eine Unterrichtseinheit über Entwicklungshilfe hatten, war mein Plan gefaßt. Ich wollte als Entwicklungshelferin hinaus. Als ich älter wurde, merkte ich natürlich, wie romantisch meine Kindervorstellungen gewesen waren, und ich versuchte, mir gründliche Kenntnisse anzueignen. Auf der Krankenpflegeschule bekam ich berufsbezogene Informationen dazu. Aber je besser ich Bescheid wußte, desto fester blieb ich bei meinem Entschluß: Hinaus will ich! Inzwischen schien mir das auch für meinen Beruf eine wichtige Bereicherung zu versprechen: einmal unter ganz anderen Bedingungen arbeiten zu können. Und nach wie vor reizt mich die Fremde, aber vor allem inzwischen das Leben mit den Menschen in Afrika, und daß ich ihnen helfen soll – darf. Das ist eine große Aufgabe!«*

»Und ist Ihnen das nicht ein unheimlicher Gedanke, dort ganz allein unter lauter fremden Menschen leben und arbeiten zu sollen?« fragte ich sie.

»Nein«, sagte sie, *»ich freue mich darauf, das gemeinsame Arbeiten wird schon eine Annäherung bringen. Ich will mich um das Vertrauen der Menschen bemühen.«*

»Ja, aber Lepra! Wissen Sie denn schon genug über diese Krankheit?«

»Einiges habe ich schon gelernt, weiteres werde ich erst mal von Fachleuten in Afrika lernen. Und dann – ich will ja helfen, darum gehe ich, und deswegen werde ich schnell auffassen und mich zurechtfinden!«

Wer so frohgemut und sicher an seinen Auftrag glaubt, und dabei doch so bescheiden spricht wie diese Krankenschwester, der muß wohl ein guter Helfer werden.

Übrigens ist ihre eigene Gesundheit, wie die aller ihrer Kollegen, schon längst gründlich geprüft worden. Denn die Umstellung und das Leben und Arbeiten unter vollkommen anderen Klimabedingungen sind nicht für jeden Europäer zuträglich.

Sie will also eine Helferin werden – alle wollen das. Auch der junge Landwirt, der mir sagte, er habe zunächst den Entwicklungsdienst als das kleinere Übel an Stelle des Wehrdienstes gewählt. Er hatte sich, als er zur Musterung geladen wurde, beim Entwicklungsdienst gemeldet und sich verpflichtet, nach seiner Berufsausbildung und zwei Jahren Praxis im Beruf Entwicklungshelfer zu werden. Der DED hatte ihn vorläufig angenommen als Bewerber, aber vor seinem Eintritt in den Vorbereitungsdienst hatte er den gleichen Aufnahmetest machen müssen wie alle anderen. Ja, inzwischen ist für ihn längst die Aufgabe, die ihn dort erwartet und die ihn beruflich fasziniert, in den Vordergrund getreten: Er will helfen, das Land zu entwickeln, in das er geschickt wird.

Ich glaube, daß die meisten Entwicklungshelfer von der Lust am Abenteuer, an der Ferne schon früh gelockt werden. Denn auch andere sagten mir, daß ihr Entschluß, im Entwicklungsdienst zu arbeiten, schon seit vielen Jahren feststand. Und dazu kommt ganz gewiß der Wunsch, die eigene Kraft an der schwierigen, ganz neuen Aufgabe zu erproben und den Menschen, die um so vieles primitiver leben als wir, voranzuhelfen und am Aufbau des fernen Landes beteiligt zu sein. Der Vorbereitungskurs, der über ein Vierteljahr läuft, tut zwar vieles ganz gezielt, um den jungen Menschen zu große Illusionen zu nehmen. Man berichtet und erläutert mögliche Schwierigkeiten, auch frühere Entwicklungshelfer kommen zu Wort und erzählen von ihren Erfahrungen. Die ganz anderen Lebensverhältnisse in den Entwicklungsländern werden geschildert, die Notwendigkeit, sehr viel einfacher und unbequemer leben zu müssen als hier. Denn es soll vermieden werden, daß die neuen Entwicklungshelfer mit zu hochgespannten Hoffnungen dort ankommen und ihren eigenen Kräften zuviel zutrauen. Ein zähes Um-Vertrauen-Werben müssen sie durchhalten können, sie müssen lernen, was eigentlich jeder Mensch überhaupt lernen sollte, nämlich Rückschläge hinzunehmen, und sie müssen lernen, daß es auf die Sache ankommt, der sie dienen, und weniger auf sie selbst. Denn dort haben sie nicht mehr viel Zeit, diese Lektion zu lernen: Zwei Jahre dauert grundsätzlich ihr Aufenthalt im Gastland, und danach wollen und sollen sie ja etwas vorzeigen können.

Am Ende des Vierteljahres in Berlin war bei allen die Ungeduld gewachsen, nun endlich ausreisen zu können. Sie hatten alle ihre Verpflichtungen und Bindungen hier im Lande seit Monaten schon hinter sich gelassen, nun sollte es wirklich losgehen!

Was also von der Bonner Politik geplant wird, das sollen die jungen Menschen umsetzen. Können Sie das überhaupt Ich kann das nicht schlüssig beantworten. Kaum zu beantworten ist auch die Frage, ob wir es eigentlich richtig machen. Wir sehen aber, daß wir helfen müssen, und wir wollen das auch; so packen wir die Aufgabe an, so gut wie wir es können. Daß wir dabei die Entwicklungsländer nicht aus dem europäischen Korsett, in das das Zeitalter des Kolonialismus sie gezwängt hat, befreien, daß Europa und die ganze westliche Welt diese Länder zwar selbständig haben will, aber von ihnen dennoch bescheidenes Auftreten in der Völkergemeinschaft erwartet, das sind die Widersprüche, aus denen ein Weg gefunden werden muß. Für die Entwicklungshelfer werden sie spürbar, sie arbeiten an der Nahtstelle zwischen Nord und Süd. In Dar es Salaam traf ich vor mehreren Jahren mit einer ganzen Gruppe von Entwicklungshelfern zusammen. Die meisten von ihnen waren Ingenieure und Verwaltungsfachleute, sie unterrichteten fast alle an Fachschulen. Es waren auch ein paar Krankenschwestern dabei, die an einer Krankenpflegeschule arbeiteten. Sie alle bildeten das in den Entwicklungsländern so notwendige Fachpersonal aus. Diese Entwicklungshelfer lebten in der Stadt und in der Gruppe; in einer ganz anderen Situation also, als jene, die einsam im Busch arbeiten. Sie hatten sich an der Idee des tansanischen Sozialismus entzündet und diskutierten darüber mit großem Eifer. Ich konnte sie gut verstehen; ein junges Land, das erste Schritte in die staatliche Demokratie getan hat und seine eigene, seine sozialistische Ideologie sucht, die allen Menschen gerecht werden soll; das ist spannend und aufregend. Die traditionelle afrikanische Gesellschaft hatte ja starke sozialistische Züge: *»Insgesamt gesehen war die afrikanische Gesellschaft von gestern eine einige Gesellschaft, eine Gesellschaft der Mitwirkung, aufgebaut nach Altersstufen... Im Rahmen dieser Ordnung waren die Aufgaben für einen jeden streng geregelt. Die Verhältnisse waren gefestigt, gemeinsame Arbeit verpflichtete die Menschen untereinander und gegenüber dem gemeinsamen Besitz...«*

(Joseph Ki-Zerbo, Geschichte Schwarz-Afrikas).

In Tansania nun versuchte Präsident Nyerere aus der Überlieferung eine moderne Art von Sozialismus zu entwickeln: *»Grundlage des afrikanischen Sozialismus ist die Großfamilie – jedes Glied der Gesellschaft leistet seinen Anteil, um Reichtum zu schaffen. Unser Sozialismus steht im Gegensatz zum Kapitalismus, aber auch im Gegensatz zum doktrinären Sozialismus des Ostens.«*

(Julius Nyerere »Ujama, Grundlage afrikanischen Sozialismus'«).

Diese Entwicklungshelfer in Dar es Salaam wollten nicht deutsche, europäische Maßstäbe in ihr Entwicklungsland übertragen. Sie hatten erfahren, daß das gar nichts taugt. Statt dessen faszinierte sie der tansanische geistig-politische Aufbruch in die moderne Welt. Sie fragten mich herausfordernd: »Was würden Sie denn sagen, wenn wir Ideen von hier mit zurück in die Bundesrepublik brächten und versuchten, sie in politische Wirklichkeit umzusetzen?«

»Ich fände das nicht schlecht«, antwortete ich ihnen. »Denn es kann unserem Lande nur guttun, wenn junge Menschen mit positiven radikalen Ideen nach Hause kommen, die unsere Vorstellungen befruchten könnten. Zu übertragen wären die tansanischen Ideen ebensowenig nach Deutschland, wie unsere Ideen hierher gebracht werden können. Neue Anstöße aber sind nach meiner Auffassung das, was eine Demokratie braucht, will sie nicht in die Gefahr geraten, in langweiliger Routine zu erstarren.«

Wir saßen auf der Terrasse eines schönen Hauses beisammen. Im Garten dufteten allerlei fremdländisch blühende Büsche. Auch in anderen Gärten standen Palmen aufrecht in der noch am Abend heißen Luft. Der Blick nach Osten ließ das Meer ahnen, den Indischen Ozean, weit ausgedehnt in die Ferne.

Der Kreis der jungen Leute wurde munter. In anschaulichen, heiteren Geschichten gaben sie Schwierigkeiten und Erfolge ihrer Arbeit wieder. Ihre tansanischen Kollegen und Vorgesetzten, ihre Schüler wurden in den Erzählungen lebendig. Ich hatte den Eindruck, daß alle Entwicklungshelfer ihre Aufgabe ganz angenommen hatten. Zwar kritisierten sie viel Mangelhaftes, aber sie arbeiteten mit vollem Einsatz, und sie liebten das Land und seine Menschen. Ja, sie hatten freiwillig eine Art touristischen Dienst eingerichtet, sie informierten interessierte Reisende über das Land Tansania, denn sie wollten es den Touristen abgewöhnen, nur gedankenlos herumzufahren und am Strande herumzuliegen.

In Dar es Salaam gibt es immer ziemlich viele Touristen. Inzwischen hat man entlang der Küste nördlich von der Stadt einige moderne Hotels gebaut. Ich war einmal in einem solchen untergebracht. Schwierig war es allerdings, dorthin zu gelangen; es liegt sicher 20 km vor der Stadt, und man muß schon Freunde mit Auto haben, die den Transport übernehmen. Das Hauptgebäude ist eine offene Halle, über der ein kühn geschwungenes Dach schwebt. Dort wird gegessen: vorzügliche internationale Küche. In einer Reihe kleiner Bungalows sind die Gästezimmer,

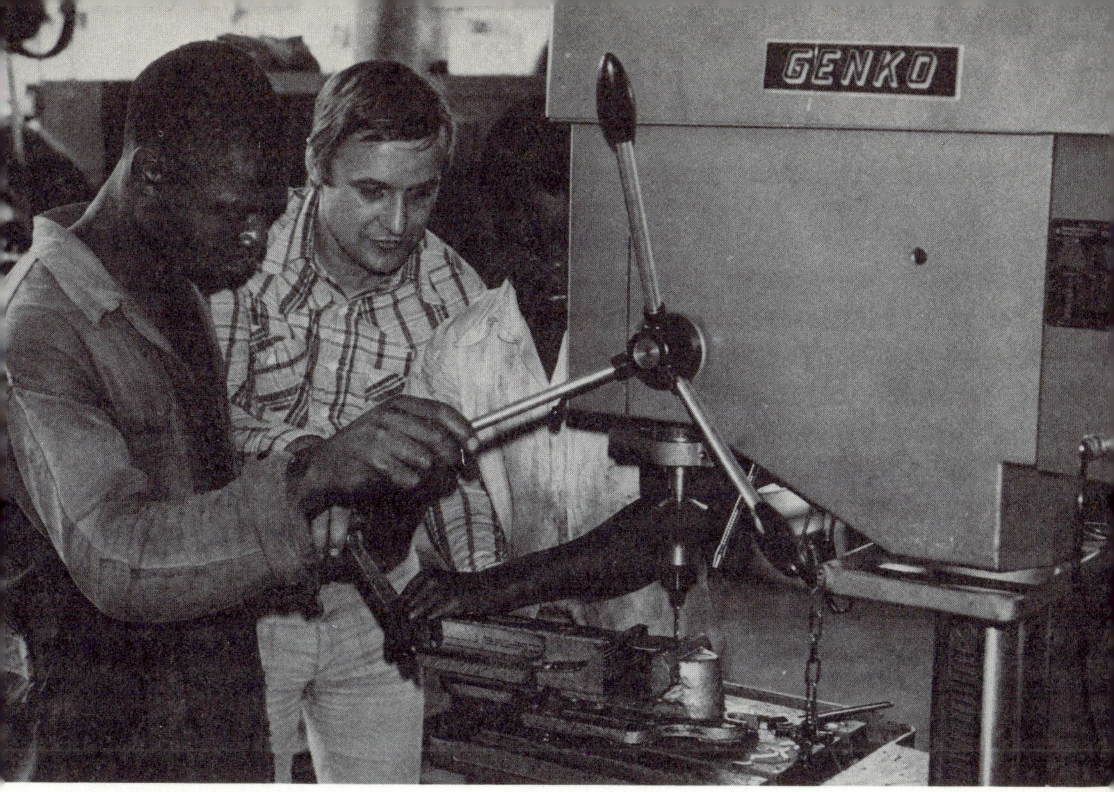

Ausbildungszentrum in Kamerun

groß, geräumig, Blick aufs Meer und ringsum Blumenbeete. Hinunter zum Strand: Terrassen, Bäume, ein Swimmingpool, alles sehr angenehm, aber auch nicht billig. Nyerere hatte sich seiner Anschauung gemäß lange dagegen gesträubt, solche Wahrzeichen des Kapitalismus in seinem Land zu dulden. Aber es gab gerade in seiner Hauptstadt immer wieder prominente Gäste unterzubringen, die seinen politischen Aufbau, seine Ideen in der Praxis studieren wollten. Abgesehen davon braucht das Land dringend Einnahmen: Der Tourismus bringt einige.

Wir sehen schon allein an diesem Beispiel, wie schwer es ist, eine Idee »rein« durchsetzen zu wollen. Ohne Kompromisse und Zugeständnisse geht es meistens nicht. Hat man aber einmal ein Zugeständnis gemacht, wie bald ist man gezwungen, ein weiteres zu machen. Wie kann auch überhaupt ein armes Land, das so abhängig ist wie jedes ehemalige

Kolonialland, wie kann es ganz allein einen eigenen Weg gehen? Im Zuge des Unabhängigwerdens haben manche Länder die Notwendigkeit empfunden, über die Landesgrenzen hinaus Einheiten zu bilden. Das wird auch ganz gewiß notwendig sein, soll Afrika eines Tages bedeutsam in die Weltgeschichte eingreifen. Entsprechend hat es seit über hundert Jahren starke Bemühungen in diese Richtung gegeben, die zu verschiedenen Zusammenschlüssen auf regionaler Ebene, zum Beispiel in Ostafrika, führten. Seit 1963 gibt es die OAE (Organisation für afrikanische Einheit). Aber sie ist nicht stark genug, um die Verschiedenartigkeit der Probleme und Nöte der einzelnen Länder als gemeinsame Aufgabe abfangen zu können.
Unwillkürlich muß man daran denken, wie wir uns in Europa bemühen, politisch und wirtschaftlich gemeinsam zu handeln. Und weil wir selbst wissen, wie schwer das Europa fällt, sollten wir für die afrikanischen Bemühungen selbstverständlich Geduld und Verständnis aufbringen.
Es hat mir gefallen, daß die Entwicklungshelfer dort auf alle diese Fragen aufmerksam geworden waren und sich damit auseinandersetzten. Wieviel besser werden sie später, wieder im eigenen Lande, Innen- und Außenpolitisches verstehen können. Vielleicht sind sie besonders geeignet, sich einmal aktiv politisch zu betätigen.

Vor kurzem erhielt ich den Brief eines Landwirtes, der drei Jahre in Südamerika als Entwicklungshelfer war: *»Sie werden nicht erstaunt sein, wenn ich manche kritische Äußerung tue. Ich habe die Dinge so erfahren, wie ich sie Ihnen mitteilen möchte. Natürlich bin ich ebenso gespannt und tatendurstig hierhergegangen wie fast alle anderen auch. Ja, und da sollte ich den Gemüse-Anbau verbessern. Der Boden war nicht schlecht, man kann dort viel machen; und so ging ich mit meinem vorzüglichen Programm und festgesteckten Terminvorstellungen ans Werk. Sie müssen sich vergegenwärtigen, daß Entwicklungshelfer ja unter ziemlichem Leistungsdruck stehen: In zwei Jahren soll ich etwas vorweisen. Ich gehe mit Plänen, mit Ausrüstung hin und kriege das Geld dafür, und ich gebe es auch aus, also muß ich auch Einnahmen haben, Erfolge. Ich bin schließlich verantwortlich. Wenn die Sache nicht so klappt, heißt es: Er kann nicht mit den Leuten* *umgehen, er motiviert sie nicht! Er hat nicht das richtige Gemüse ausgesucht und dergleichen mehr. Wie soll ich auf meinen Formularen und in meinem Bericht klarmachen, warum es nicht so ging, wie es sollte?*

Erstens mal kennen die Leute dort, mit denen ich arbeiten will, den Leistungsdruck überhaupt nicht; man arbeitet nach eigener Vorstellung, nach eigenem Rhythmus. Der Bauer zum Beispiel in Bolivien hat nach meiner Erfahrung eine eigene klare Vorstellung, nach der er folgerichtig arbeitet, so wie es sein muß. Das kann der Entwicklungshelfer eigentlich nur unterstützen, will er nützlich sein. Ich habe nun in einem Tal einen großartigen Tomatenanbau angefangen, nachdem ich mit den Bauern darüber gesprochen und ihre Zustimmung erhalten hatte. Sie waren alle der Meinung, der Anbau wäre eine gute Einnahmequelle für alle, und sie sahen auch ein, daß man selber Tomaten essen müsse, um gesünder ernährt zu sein. Ja, Frauen und Kinder werden alle Tomaten essen. Bald stand ich allein auf meinen Feldern und schaffte die Arbeit nicht. Die Leute hatten keine Lust mehr, sie hatten schon nicht ordentlich gepflanzt, und essen tat niemand die schönen, sonnenreifen Früchte. Man hatte sie nie selber gegessen, warum schließlich jetzt? Was hatte ich falsch gemacht? Ja, das kann so viele Gründe haben, die ich alle nicht kannte. Zum einen widersetzt sich die Bevölkerung dem in ihren Augen unsinnigen Verlangen, regelmäßige, gründliche Arbeit zu festgesetzten Zeiten zu tun. Ich drängte sie ja, mir konnte es nicht flott genug vorangehen, ich verlangte auch von mir das Äußerste. Warum sollten sie das auf einmal mitmachen? Ich wußte auch nichts von den jahreszeitgemäßen Gewohnheiten, die in vernünftiger Weise dem jeweiligen Wetter angepaßt waren, mein Arbeitsplan bezog dergleichen nicht ein. Und so mußte ich einsehen, daß mir nichts anderes übrigblieb, als von vorne anzufangen – ein halbes Jahr hatte ich schon verloren. Was sollte ich nun in meinem Bericht melden?

Ein Freund von mir hatte den Bauern klargemacht, daß sie das Land weiter oben in den Bergen, das sie gewöhnlich verpachteten, sehr gut für den Obstanbau nut zen könnten. Das fand zunächst auch ihren Beifall, und sie legten zusammen eine große Obstplantage an, und das schrieb er stolz in seinen Bericht. Aber er konnte nicht damit rechnen, daß seinen Bauern die Sache eigentlich doch nicht einleuchtete. Sie stiegen nicht mehr zur Plantage hinauf, denn das hatte auch bisher nicht zu ihren Arbeiten gehört. So verkam die Plantage, und die Bauern verloren ihr

Geld, sie ernteten statt Obst Schulden und waren schlechter dran, als sie es sonst bei den Verpachtungen waren.
Ja, da mußte ich mich wirklich fragen, wollen wir denn als Weltverbesserer auftreten, wir Entwicklungshelfer, wir Deutschen, wir Europäer? Immer gehen wir los und wollen alles ändern, alles besser machen, wir setzen voraus, daß im Gastland offenbar niemand etwas kann und etwas weiß. Davon sind mein Freund und ich geheilt! Paul setzte sich mit den Leuten zusammen und hörte ihren Reden zu. Dann verstand er es besser, wie sie es meinten, und was sie für richtig hielten. Und nun fing er an, ihre eigenen Vorstellungen zu verwirklichen, ganz vorsichtig und behutsam; er half mehr, als er anleitete. Was man in der Regenzeit eben nicht macht, das macht man nicht und versucht es auch nicht zu fordern. Und was in die trockene Zeit des Jahres gehört, das kann verbessert werden. Alle üblichen landwirtschaftlichen Abläufe wurden auf diese Weise verbessert, die Leute taten aktiv mit, und als Pauls Zeit um war, lief in seiner kleinen Region alles bestens. Es war sogar Weiterbildung mit einbezogen worden, Buchführung, Pflege von Obstbäumen und anderes mehr. Paul war zufrieden. Wir hatten gelernt, daß man die europäischen Terminvorstellungen am besten zu Hause läßt, deshalb sind auch zwei Jahre sehr kurz. Paul und ich sind drei Jahre geblieben, und jetzt mache ich hier gezielte landwirtschaftliche Fortbildung für Tropengebiete, und dann geht es wieder nach draußen! Ob mich der DED noch mal nimmt, weiß ich nicht, aber egal, dann gehe ich eben als Experte ...«

Wer nach seinen Entwicklungshelferjahren wieder hier im Lande ist, kann an einem sogenannten Reintegrations-Seminar teilnehmen. Es mag ja nicht ganz einfach sein, sich in die hiesige Arbeitswelt ohne weiteres wieder einzufinden. Deshalb ist ein solches Seminar, in dem gemachte Erfahrungen, Ansichten und Pläne ausgetauscht werden können, eine – wie ich glaube – sehr wichtige Einrichtung, um dem Entwicklungshelfer den Schritt in das alte Zuhause zu erleichtern.

Man hört dort natürlich viel Kritisches und auch Negatives: *»Wir können die Leute nicht zwingen, wenn sie überhaupt keine Arbeitsmotivation haben, viele sind einfach faul; wollen die denn ihrem Land aufhelfen, denken die denn an ihr*

Land?« (Mein Gedanke dabei: Tun wir das denn immer?) *»Wir sind da bloß Lückenbüßer, wir pfropfen ihnen ausländische Kultur auf – wieso eigentlich? Hat denn Entwicklungshilfe überhaupt Sinn? Ich gehe da hin und schufte und schufte, und wenn ich weg bin, ist nichts – was hab' ich denn dann getan?«*

Wer draußen arbeitet, sieht manchmal klarer, was unsere Politiker vielleicht falsch planen oder voraussetzen oder auch gar nicht besser machen können, weil in der Dritten Welt die Gegensätze der verschiedenen Lebensweisen unerbittlich aufeinanderprallen. Auch wenn vor allem wirtschaftliches Interesse von unserer Seite sichtbar wird, mag das die Helfer dort besonders irritieren.

»Durch abendländische Muster geht die Kultur kaputt, die Kriminalität (zum Beispiel in Asien) *steigt schlagartig, die Unmenschlichkeit unseres Systems zeigt sich in ihrer bedingungslosen Nachahmung im grellsten Licht. Und die Entwicklungshilfe leistet dem Vorschub!«*

»Unsere Wirtschaft verlangt das – daß das Geld, das hin und her fließt, einen stabilisierenden Einfluß auf die Lebenssituation hat (bessere Kaufkraft, höherer Lebensstandard etc.). *Das ist einfach ein Gerücht.«*

»Wenn dort also die jungen Menschen wurzellos geworden sind, schickt unsere Entwicklungshilfe Lehrer und Soziologen... Was können die schon tun? Nur radikale Maßnahmen könnten noch helfen, aber die können nicht vom Entwicklungsland ausgehen, die müssen von hier, aus Europa, kommen! Im internationalen Bereich müßte sich etwas ändern, zum Menschlichen hin. Was aber bringt der Westen jetzt? Totale wirtschaftliche Abhängigkeit mit eingebauter Wirtschaftsflaute und allem Drum und Dran, eine Fortschreibung unseres Systems. Das macht die Leute kaputt.«

»Das Schulsystem ist von den Kolonialherren geprägt, zum Beispiel in Westafrika ist die Schule einfach französisch. Die Oberschicht akzeptiert das, weil die Kinder mit einem solchen Schulabschluß Aussicht auf Stipendien haben. Privat

eingerichtete Schulen mit afrikanischer Ausbildung finden kaum bei der jeweiligen Regierung Anerkennung. Man kann wirklich sagen, daß für das Interesse der Europäer ausgebildet wird. Sicher, der einzelne hat Vorteile: echte Aufstiegschancen – aber kann man das richtig heißen für Länder, die für alle jungen Menschen eine afrikanische, weltoffene Ausbildung haben müßten?«

Selbstkritisch äußerten einige: *»Durch die Kolonialzeit ist die Eigeninitiative der Menschen verschüttgegangen, drückt man den Menschen nun neue Pläne aufs Auge, dann klappt das nicht, weil sie nicht anspringen, sich gar nicht verantwortlich fühlen. Bedenken wir denn vielleicht, daß zum Beispiel Männer dort traditionell den Boden nicht bearbeiten, daß das Frauenarbeit ist? Und was wissen wir von Nomaden, die über die Grenzen ziehen und deren traditionellen Weidegrund wir einfach für etwas anderes verplanen – Ackerbau! Traditionelle Gewohnheiten machen eventuelle neue Projekte zunichte: Ich half da eine Hühnerfarm einrichten, und nun sind da schon eine ganze Menge Hühner. Da gibt es einen Todesfall im Dorf, die Hühner werden alle abgeschlachtet und beim Beerdigungsschmaus aufgegessen! War das aber für den Mann, der das veranlaßte, ein Rückschlag? Vielleicht war er einfach stolz darauf, daß er es war, der das Fest verschönerte durch das üppige Hühneressen.«*

»Was will ich machen, wenn von der Reisernte – mit halbrundem Messer geschnitten, damit die Götter es nicht sehen – verschenkt wird, was man nicht selber essen kann, also nichts verkauft wird? Das Projekt sollte sich ja allmählich selber tragen, also eigene Einkünfte bekommen.«

»Nun soll nur niemand denken, daß das alles Dummheit ist. Wir kennen es bloß nicht! Wir müßten erst mal genauer zusehen und hören lernen, dann können wir besser helfen und unterstützen.«

»Wir müssen ja nach zwei Jahren weg, jetzt läuft mein Projekt gerade gut, der Nachfolger erlebt, daß es überhaupt nicht mehr geht. Was ist passiert? Die Haltung der einzelnen Entwicklungshelfer ist verschieden, sie gehen verschieden dran und berichten auch verschieden. Dazu kommt natürlich, daß die dortige Bevölkerung auch ihre bestimmten Erwartungen hat und sich nicht leicht auf einen völlig anderen Arbeitseinsatz einstellt.«

Gewerbeschule in Togo

»Ich meine immer wieder, wir müssen im Einsatzland lernen und nochmal lernen. Daß sich die Leute da an ihre Gesetze und Gewohnheiten halten, ist ja schließlich normal, auch ich muß mich danach richten. Mein Arbeitgeber ist ja dort nicht der DED in Berlin, sondern etwa die dortige Stadtverwaltung. Und deshalb soll man's nicht einfach so machen, wie es hier richtig ist.«

Aus all den Äußerungen spricht, wie sich die Entwicklungshelfer nicht nur mit ihren eigenen Schwierigkeiten am Ort auseinandergesetzt haben, sondern wie sie die Situation Industrieländer – Entwicklungsländer, das sogenannte Nord-Süd-Gefälle, erfahren und kritisch zu sehen gelernt haben. Das bringt sie natürlich dazu, mit Leidenschaft die Frage nach dem Sinn des Entwicklungshelfer-Einsatzes zu diskutieren. Hat mein Tun dort einen Sinn? Einer meinte dazu: *»Also nach dem Sinn wird*

schließlich bei keiner Arbeit gefragt, aber bei der Entwicklungshilfe fragt man; das nenne ich unser bißchen Tun überfrachten!«
»Ja, aber«, sagte ein anderer, *»ich verwende öffentliche Mittel, und da wird danach gefragt. Und wenn ich schon woanders hingehe, um da zu helfen, muß ich doch fragen, ob das sinnvoll ist! Für dort, für hier, für den Menschen dort, auch für mich selber.«*
»Findet Ihr nicht, daß es im Grunde ein blödsinniger Anspruch ist, ›entwickeln‹ zu wollen? Viel zu hoch gegriffen! Ich tue da im kleinsten Kreis meine Arbeit, das ist alles.«
»Ja, aber ich lerne die Fremde kennen, ich sehe die Menschen dort, ihre Art zu leben, und ich beginne, in Frage zu stellen, was ich vorher als selbstverständlich nahm – ich lerne neues Entwickeln.«
»Ich will's mal umdrehen: Die Entwicklung widerfährt mir, der Anspruch, viel ändern zu wollen, ist falsch, man kann nur gegenseitig von einander lernen.«
»Und ist das nichts? Ich finde das den ersten Schritt zur menschlichen Begegnung, aus dem Vertrauen wachsen kann!«
»Außerdem ist es wirklich eine Aufgabe, wenn du so dein Projekt im ganzen Zusammenhang kennst und hast volle eigene Entscheidung, wie es nun gemacht werden soll. Was bist du denn hier? Immer nur ein kleines Rädchen im Getriebe. Hier kenne ich nicht den Plan, weiß nicht, wohin es soll, hier schufte ich blind.«

Deutlich kommt zum Ausdruck, daß sie eigentlich alle trotz Kritik, Enttäuschung und Niederlagen mit ihrem ganzen Herzen bei der Sache waren und daß sie wacher, kritikfähiger, aber auch lernfähiger geworden sind. Die meisten wollen gleich oder doch in einiger Zeit wieder hinaus in die Dritte Welt, die Aufgabe läßt sie nicht los.

Und wie finden sie es nun hier, wieder zu Hause? Ihre Bekannten kommen ihnen politisch resigniert vor, Probleme werden zwar diskutiert, aber ohne Engagement.
– *»Ein bißchen mehr Polizeistaat als vorher.«*
– *»Noch mehr Leistungsdruck als vorher.«*
– *»Man macht nichts mehr gemeinsam.«*

– *»Die Leute halten sich zurück, sie leben viel mehr für sich, wollen sich nicht irgendwo hineinziehen lassen.«*
– *»Die Landschaft ist inzwischen noch mehr kaputt.«*
– *»Rechtsextremismus, Ausländerfeindlichkeit fallen mehr auf.«*
– *»Schlimm ist es hier in den Schulen: Die Kinder müssen ungeheuer viel Wohlverhalten zeigen.«*
– *»Merkwürdige Jugendgruppen, angepaßt und ohne Sinn (Popper und Punk).«*
– *»Vereidigung bei der Bundeswehr: Ich verstehe das nicht!«*
– *»Fernsehberichterstattung ist uniform und voll Fehlinformationen, und die Werbung dazu polemisch!«*

Ein ziemlich negativer Katalog voll harter Kritik. Aber ist das nicht ein gutes Zeichen? Sie sehen und legen den Finger drauf, woran wir uns schon gewöhnt haben, was wir fast gar nicht mehr bemerken oder was uns nur undeutliches Unbehagen bereitet. Neuer Anstoß allein kann Abnutzungserscheinungen und Fehlentwicklungen aufzeigen und zum Denken und Bessermachen führen. Wir sollten versuchen, fruchtbar zu machen, was hier erst einmal nur kritische Anmerkungen sind. Es ist nur natürlich, daß ein Entwicklungshelfer, der sich aktiv in der Fremde durchschlagen mußte und dem viele Gedanken dabei gekommen sind, hier nicht mehr einfach alles so hinnehmen kann. Und haben sie nicht weitgehend recht, diese Rückkehrer? Sollen denn Bürger in der Demokratie einfach alles hinnehmen?
Wollen sie denn hier nun aktiv am öffentlichen Leben mittun? Ja, das wollen sie eigentlich alle – nur wo? Wie? Wo können sie ihr starkes Gefühl für Verantwortung einbringen? Das müssen sie noch herausfinden, und ich wünsche, es möchte ihnen gelingen!
Erfahrungsgemäß ist keine Gruppe, keine Organisation und keine Partei so ohne weiteres scharf darauf, sich durch Feuerköpfe aus ihrem Trott herausbringen zu lassen. Leider!

In Senegal
Der Kampf gegen die Wüste

In einem Bericht über Senegal heißt es: »*Die Landwirtschaft war und ist das wichtigste Produkt Senegals: 70 Prozent der Bevölkerung beziehen ihr Einkommen aus landwirtschaftlichen Betätigungen. Landwirtschaft, Viehzucht, Fischerei erwirtschaften 30 Prozent vom Landeseinkommen.*
Erschwerend macht sich allerdings in diesem Bereich bemerkbar, daß mit der Erdnuß-Monokultur eine große Abhängigkeit allein von diesem Anbau vorhanden ist;
daß nicht genug Nahrungsmittel im Land angebaut werden, so daß viel eingeführt werden muß. Daher muß zuviel Geld ins Ausland fließen (Zahlungsmittel-Bilanz – Belastung);
daß die Landwirtschaft von klimatischen Ungewißheiten abhängt, was sich besonders schwerwiegend in den großen Trockenzeiten auswirkt (ganz besonders seit 1967);
daß sich im sogenannten Erdnuß-Becken die Menschen zusammenballen, und das führt zu einer Überbeanspruchung der Böden.
Ziele der senegalesischen Landwirtschaftspolitik sind deshalb: ein reicheres Angebot an Ausfuhrerzeugnissen zu produzieren: Baumwolle, Tabak, Gemüse und dergleichen mehr, außer der Erdnuß. Für den eigenen Bedarf sollen mehr Nährpflanzen angebaut werden: Hirse, Sorghum und Reis. Auch soll die Wasserversorgung verbessert werden.«
Mit Befriedigung wird festgestellt, daß die Bauern tatsächlich in den letzten Jahren steigend mehr Hirse und Sorghum geerntet haben: Sie

haben die Notwendigkeit dieses Anbaus für das eigene Überleben eingesehen.

Das Land ist, bis auf seinen südöstlichen Zipfel, vorwiegend flach und trocken, fast überall kaum hundert Meter über dem Meeresspiegel. Es gehört zur sogenannten Sahelzone, einem breiten Landstreifen von der Ostküste bis zur Westküste des Kontinents, der sich südlich an die Wüste Sahara anschließt. So ist Senegal teils Wüstensteppe, teils Savanne; das heißt, daß dort zwar vorwiegend Sand ist, fast wie in der Wüste, daß aber Steppengras und Bäume wachsen. Wenn man nicht allzu hoch über dem Land fliegt, sieht man die grünen Tupfer in der unendlichen Weite, in Braun, Rot und Gelb auftauchen. Denn die Wüste hat viele Farben. Sie ist nicht, wie man leicht denken mag, einfach gelber Sand. Während eines stundenlangen Fluges sieht man von oben die wilde, öde Gegend: Täler, Gebirge, Ebenen, alles Sand, Fels, Gestein, in Gelb, Grau, Braun, Rot sich hinstrecken und darüber den leuchtend blauen Himmel. Die Wüste ist schön; das sagt jeder, der einmal auf ihren Pisten unterwegs war, mit dem Auto oder auf dem Kamel.

Die Savanne hat große, einzelstehende Bäume mit weit ausladenden Kronen; dazwischen wächst hartes, oft sehr hohes Gras, das allerdings die längste Zeit des Jahres braun ist.

In dieser geographischen Lage bedeutet es, einen Kampf mit der Natur zu bestehen, soll die Bevölkerung eine ausreichende Ernährung bekommen. Der Anbau landwirtschaftlicher Produkte muß dieser Landschaft mit List abgerungen werden.

Vor mehreren Jahren erlebte die Sahelzone eine ungewöhnlich schreckliche Dürrezeit. Zwar regnet es dort überhaupt nur sehr selten, und es gibt Zeiten ohne jeglichen Regen: vier, fünf, sechs oder mehr Jahre. Solche Zeiten sind nie ohne Bedrohung und Tod vorbeigegangen: Das Vieh verdurstet, und die Menschen verhungern.

Es leben Nomaden dort, Viehzüchter. Sie ziehen mit ihren Herden von Weidegebiet zu Weidegebiet. Unter »Weide« darf man sich kein grünes Gras vorstellen: Die Tiere fressen das harte, trockene Gras und die niedrig hängenden Baumzweige. Ihr Ziel ist immer die nächste Wasserstelle.

Früher drangen die Nomaden in großen Dürrezeiten in fruchtbarere Gebiete vor, in denen sie sonst nicht auftauchten. Die willkürlich gezogenen Staatsgrenzen sind heute ein Hindernis.
Die Wüstennomaden haben Kamele, Esel und Ziegen. Kamele können oft tagelang ohne jede Wasseraufnahme durchhalten, und auch Esel sind bedürfnislos. In guten Zeiten vermehren die Viehzüchter ihre Herden. Viele Kamele zu besitzen, bedeutet Reichtum. In den Savannengebieten gibt es auch Rinderzüchter. Wer viele Rinder hat, ist ein reicher Mann. Aber Rinder sind in Trockenzeiten stark gefährdet.
Die Karawanen, die von alten Zeiten her Handelsware durch die Wüste brachten – Salz, Tuche, Edelmetalle, Datteln, waren durch Schutzverträge zu Abgaben an die Nomaden verpflichtet. Ein Lösegeld sicherte ihnen den freien Durchzug und bedeutete für die Wüstenbewohner ein gewisses Einkommen.
Heute ist das Leben für die Nomaden nicht leichter geworden. Die Entwicklungshilfebemühungen sollten hier Verbesserungen bringen. Neue Brunnen wurden gebohrt, Hunderte von Metern tief ging man in die Erde und förderte mit Dieselpumpen das Wasser zur Oberfläche. Nun gab es reichlich Wasser, und das Leben von Mensch und Vieh schien gesichert. Die Viehbestände wurden vergrößert, alles lief zur Zufriedenheit der Nomaden und der Brunnenbohrer.
Weil es aber mehr Vieh gab, wurde auch mehr abgeweidet. Manche Bäume wurden dermaßen zerstört, daß sie eingingen, die jungen Bäume konnten gar nicht erst aufwachsen (In der Savannenlandschaft dürfen keine allzu großen Viehherden leben). Dieser Tatbestand fiel zunächst noch gar nicht so sehr auf, erst als die große Dürrezeit hereinbrach und auch die Brunnen nicht mehr ausreichten, wurde es deutlich, daß die Wüste sich weiter auszudehnen begann: Die kahlgefressene Savanne bot ihr keinen Widerstand mehr. Damals verendete das Vieh, viele Menschen starben, verhungert und verdurstet.
Aber die Brunnen hatten ja gerade das verhindern sollen! Jetzt wurde klar, daß sie zu einer sogenannten Überweidung verlockt hatten. Weil genug Wasser da war, war die Anzahl der Tiere, aber auch der Men-

schen, sehr vergrößert worden, die in der kargen Landschaft leben wollten. Man mußte also einsehen, daß die Brunnenbohrungen allein nicht halfen, ja, daß sie im Gegenteil die Lage gefährlich zugespitzt und letztlich mit zur Katastrophe beigetragen hatten.
Weltweit wurde nun von notwendigen und grundlegenden Maßnahmen gesprochen, so von der Anlage eines Waldgürtels, der das Fortschreiten der Wüste nach Süden zu verhindern soll. So entwickelte auch die deutsche Regierung neue Modelle. In ihrem Auftrag arbeitete die Gesellschaft für technische Zusammenarbeit (GTZ) Pläne aus, deren Verwirklichung zukünftige Katastrophen des eben erlebten Ausmaßes verhindern helfen sollten. Jetzt wurde viel breiter angelegt, und sorgfältig ging man Schritt für Schritt an die Arbeit.
Hier ist das Projekt, das ich sah. Und so sieht die nüchterne Projektbeschreibung dazu aus. Das Ziel ist klar genannt: Die Zerstörung durch Überweidung soll aufgehalten, das natürliche Gleichgewicht zwischen Bewuchs, Wasser und deren Benutzung soll hergestellt werden. Die Sahelzone soll grün werden und bleiben.

Aufforstung im Norden Senegals

I. Allgemeines

Projektnummer:	75.2003.4
Verantwortlicher deutscher Leiter des Vorhabens:	C D
Projektanschrift:	B. P. Saint Louis/Senegal
Projektträger im Gastland:	Service des Eaux et Forêts
Projektträger in der Bundesrepublik Deutschland:	GTZ
Zuständige GTZ-Abteilung:	13, Fachbereich 133
Projekttyp:	Aufforstung

	Zielsetzung des Projekts:	Die fortschreitende Zerstörung natürlicher Ressourcen in der Umgebung der im sahelinen Teil Senegals liegenden Brunnenstellen soll aufgehalten und das natürliche Gleichgewicht wiederhergestellt werden.
II.	Zeitlicher Ablauf:	
	Planungsbeginn:	1973
	Durchführungsbeginn:	Februar 1975
	Deutscher Beitrag vereinbart bis:	Februar 1981; Verlängerung bis Februar 85 geplant
III.	Personal	
	des Gastlandes (Soll):	5
	der Bundesrepublik Deutschland (Soll):	3
IV.	Sachausrüstung:	4 Unimogs mit Zusatzgeräten und Anhängern, 4 Pkw (Landrover u. a.), Pumpen, Dieselaggregate, eine Kfz.-Werkstatt, 6 Forsthäuser, 6 Pflanzgärten
V.	Kapitalaufwand:	
	des Gastlandes:	ca. 500 000 DM
	der Bundesrepublik Deutschland:	8,9 Mio. DM

Sechs Brunnenstellen sind in dieses Projekt eingeschlossen, die jeweils 30 bis 40 km auseinander liegen, und an jeder soll eine Forstdienststelle sein, besetzt mit einem senegalesischen Forstbeamten. Der deutsche Projektleiter und sein Arbeitsstab sorgen für die Aufforstung in der ganzen, zum Projekt gehörenden Region. Gezielt werden bestimmte Baumarten

angepflanzt, solche, die dem Vieh Futter bieten und andere, die neben der Viehhaltung eine weitere Einnahmequelle darstellen sollen: eine Akazien-Art, aus der Gummiarabikum gewonnen werden kann. Und endlich soll die landwirtschaftliche Produktionskraft des jeweiligen Standortes aufgebessert werden. Vor allem müssen dabei die Bedürfnisse der Bevölkerung und ihre Gewohnheiten berücksichtigt werden; die naturgegebenen Bedingungen der Landschaft setzen den Rahmen. Der Baumbestand ist die Grundlage, und ihm muß vorrangige Sorgfalt gewidmet werden.
Ich bin mit dem Projektleiter weite Strecken im offenen, wüstenfesten Wagen gefahren – schnelles Tempo ist dabei eine Notwendigkeit, denn die Räder müssen durch dicken Sand mahlen, bei langsamer Fahrt würden sie das nicht schaffen. Überall standen die großen, einzelnen Bäume mit weit ausladender Krone und dazwischen hartes, hohes und trockenes Gras; und Sand, weithin Sand. Einzelne Bäume waren abgestorben und jüngere offenbar zerfressen. Wir erreichten eine Forst-Dienststelle. Da stand ein barackenartiges Haus, an dessen Tür wir vom senegalesischen Förster willkommen geheißen wurden. Er zeigte mir die zum Hof gehörenden kleinen Gebäude, in denen Geräte aufbewahrt wurden und andere, in denen Unterkünfte für seine Mitarbeiter waren. Durch dicken Sand wateten wir an einem kleinen Gemüsegarten vorbei zur Wasserstelle. Schon von weitem sah ich die Herden, unzählige Rinderherden. Sie schienen die weite Ebene vom Horizont her bis an den Brunnen auszufüllen: Viele zogen heran, andere waren auf dem Weg zu ihren Weideplätzen. Ich weiß nicht, ob das alles Zebu-Rinder waren, wie man sie in Afrika viel hat, jedenfalls waren sie weiß oder hellbraun mit großen, geschwungenen Hörnern und buckelförmigen Nacken. Sie drängten sich an die Rinne, durch die das Wasser in ein breiteres Becken geleitet wurde; ihre ruhige Bewegung füllte den weiten Platz. Dazwischen waren die Hirten; Männer mit bunten Turbanen und langen Gewändern oder mit kurzem Obergewand und breiter Pluderhose; Jungen, die für die kleineren Tiere Gefäße füllten und sie ihnen hintrugen zum bequemeren Trinken. Da waren schwarze Ziegen und Schafe, eine gleichfalls schier

unendliche Menge, überall zwischen den Rindern. Die Hirten tranken aus der hohlen Hand und wuschen sich die heiße Stirn.
Ich schaute Menschen und Vieh am Brunnen lange zu. Zu der weiten, öden Landschaft stand diese große, lebendige Versammlung in eigentümlichem Gegensatz.
Der Forstamtsleiter führte mich zu den Gärten, die in der Nähe, durch Zäune geschützt, junge Pflanzungen umgaben. Vom Brunnen her wird Wasser geleitet; es wird in Kunststoffschläuchen, die in regelmäßigen Abständen gelegt über die ganze Fläche verteilt sind, herbeigeführt. Die Schläuche haben in 40 cm Abstand ganz feine Löcher, durch die wenig Wasser direkt in den heißen Sand rieselt. Wollte man sprengen oder berieseln, würde viel zuviel von dem Wasser verdunsten. In die nassen Flecken werden die jungen Pflanzen gesetzt, und auf einigen Flächen hatten sie sich schon wunderbar entfaltet. Da wuchsen aus dem Wüstensand, wie ich es nie für möglich gehalten hätte, kräftige Tomaten- und Kohlrabipflanzen, Salat und Gurken. Diese Gartenfläche ist von den Mitarbeitern der Forststelle angelegt. Weil es ein Ziel des Projektes ist, die herumziehenden Nomaden seßhaft zu machen, soll dieser Gartenbau auch Verlockung und Beispiel für sie sein. Und schon haben einige sich auf neu vorbereiteten Sandstücken an die Arbeit gemacht. Die Projektleute hoffen, damit einen Anreiz gegeben zu haben. Ebenso sind in der näheren Umgebung schon einige strohbedeckte Hütten, die im Viereck zueinander stehen, aufgerichtet worden und werden auch schon bewohnt. Das ganze System von Forstwirtschaft, Beweidung und Feldbau kann, soll es gelingen, vorläufig nur unter Anleitung und Aufsicht des Försters entwickelt werden.
Aber noch hatte ich den wesentlichen Bereich seiner Arbeit nicht gesehen: die Aufforstungen. Auf weiten Flächen, eingezäunt, damit die Herden die jungen Schößlinge nicht sofort zerfressen können, sind die Bäume angepflanzt, die den größten Nutzen versprechen: solche, die zur Beweidung geeignet sind, und andere, aus deren Rinde man später Gummiarabikum, den bekannten Klebstoff, gewinnen kann.
Als wir auf dem Rückweg bei den Gemüseflächen wieder vorbeikamen

Bewässerte Pflanzen in Senegal

und ich in einiger Entfernung im flirrenden Licht der sengenden Sonne die Hirten mit ihren Herden bei der Tränke sah, fiel mir auf einmal ein zu fragen: »Was essen sie denn sonst, da Gemüse ja nicht zu ihrer gewohnten Nahrung gehört?«

Hirse, hörte ich, wird gegessen, Fleisch, Trockenfisch und Erdnußbrei. Erdnüsse werden ja in Senegal vor allem angebaut; Fisch mag aus dem Senegalfluß kommen, der an der Nordgrenze des Landes zum Meer strömt und einen Streifen fruchtbarer Erde schafft. Diese Art einfacher Grundnahrung gibt es überall in Afrika; wenn es nicht Hirse oder Sorghum ist, so ist es in anderen Teilen des Kontinents Mais, aus dem der tägliche Brei hergestellt wird.

Wir nahmen Abschied von der Forstmeisterei und fuhren sandaufwirbelnd weiter. Hie und da sah ich so große Bäume, daß den Stamm sicher nur mehrere Menschen mit ausgestreckten Armen hätten umspannen können. Manche Baumstämme hatten tiefe Höhlungen, und ich hätte gerne gewußt, ob sich dort ein Tier eingenistet hat und was für eines wohl.

Wir erreichten eine neue Siedlung bei einer schon etwas länger bestehenden Forststelle. Ein Versammlungsraum ging eben seiner Fertigstellung entgegen, und vor dem Eingang erwartete uns der Dorfälteste und ließ uns durch ein paar Jungen Coca-Cola-Flaschen reichen. Eine ganze Anzahl Einwohner war herbeigekommen, und wir wurden von allen freundlich begrüßt. Ich sah sehr viele Kinder unter ihnen und fragte, ob man denn hier eine Schule habe. Nein, es gab keine; die Kinder können nicht lernen, denn die nächstgelegene Schule liegt ungefähr 80 km entfernt. Transport gibt es sowieso nicht, aber die Kinder ziehen dann wohl, wenn sie größer sind, als Internatsschüler fort; diejenigen natürlich nur, deren Eltern das bezahlen können. Und wer verdient in der Savanne schon viel! Es fehlt auch eine Sanitätsstation, und das beklagten die Leute. Denn nun, wo sie seßhaft sind, wollen sie auch teilhaben an den Angeboten der Zivilisation. Sie werden es auch eines Tages, nur wie soll das alles in kurzer Zeit geschehen und finanziert werden? Der Staat ist ja nicht reich; allerdings macht er Anstrengungen, seine Wirtschaftssituation zu verbessern, das wurde mir auch überall von Politikern erklärt.

In Dakar habe ich mit Abgeordneten des dortigen Parlamentes gesprochen – unter ihnen waren ein paar Frauen, eine von ihnen gehörte der größeren Oppositionspartei an; sie war ebenso schön in ihrem blauen Gewand, das zu ihrer samtbraunen Hautfarbe prachtvoll aussah, wie sie klug und unterrichtet war. Mir schien, daß sie im Gespräch ihre Kollegen entschieden ausstach.

Die Politiker sehen die Probleme ihres Landes deutlich, sie wissen, daß vieles davon abhängt, die Bevölkerung verstehen zu lehren, wie sehr es auf ihre Mithilfe ankommt, um die allgemeine Lage verbessern zu können. Die Planung der Regierung findet wohl mehr oder weniger die Billigung aller vier Parteien, der regierenden sozialistischen Partei, der afri-

kanischen Unabhängigkeitspartei, der sogenannten Oppositionspartei »Senegalesische republikanische Bewegung« und der senegalesischen demokratischen Partei. Der Staatspräsident Senghor hatte diese vier Parteien zugelassen, damit möglichst viel Meinungsverschiedenheit in seine Planung und Regierung einfließen könne. Offenbar ist eine verhältnismäßig breite Schicht von Senegalesen bereits so weit ausgebildet, daß ein solches demokratisches System arbeiten kann. Wie weit allerdings die Masse der Bevölkerung in der Lage ist, an diesem demokratischen, politischen System ihres Landes teilzunehmen, ist eine Frage, die ich nicht beantworten kann. Ich kann auch nicht beurteilen, wie weit das Meinungsspektrum der vier Parteien auseinanderliegt. Aber das scheint mir nicht besonders wichtig zu sein: Hier ist immerhin erreicht, daß sich ein junger Staat in Demokratie üben kann, und das unter einem erfahrenen, international angesehenen Staatsoberhaupt. Es ist möglich, daß damit dem Land eine gewisse politische Stabilität gegeben ist, die auch bei einem Wechsel der Personen in den höchsten Staatsämtern fortbestehen kann.
Der für Planung zuständige Staatssekretär sagte, daß die Bundesrepublik Deutschland das einzige Land sei, das erfolgreich und taktvoll hilft, ohne dem Senegal dafür allerlei Verpflichtungen aufzuerlegen. Das wichtigste Projekt, an dem auch die Bundesrepublik beteiligt ist, ist das der Flußregion, das allgemein als das wichtigste und zukunftbringende angesehen wird. Das Wasser des mächtigen Senegalstromes könnte weite Strecken fruchtbar machen, auch in den beiden Nachbarländern Mali und Mauretanien. Dieses Dreiländer-Projekt wird auch wesentlich aus arabischen Geldquellen gespeist; allerdings war man zum damaligen Zeitpunkt noch nicht über die Art der Finanzierung aus den verschiedenen Quellen einig. Senegal jedenfalls denkt, etwa 500 Millionen Hektar Land bewässern zu können und damit für die nächste Generation eine völlig veränderte Lage zu schaffen. Es bräuchten dann keine Nahrungsmittel mehr eingeführt zu werden. Auch sollen zwei Staustufen im Senegalfluß gebaut werden, so daß Strom erzeugt werden könnte. Das wäre natürlich sehr wichtig, denn wenige afrikanische Län-

der haben bis jetzt eine ausreichende Stromerzeugung. Weit und breit im Land behilft man sich mit Öllämpchen und offenem Feuer, und selbstverständlich muß man sich fragen, ob Holz, das in vielen Ländern so rar ist, auf die Dauer weiter als einziger Brennstoff dienen darf.
Der Senegalfluß soll auch auf eine weite Strecke hin schiffbar gemacht werden, damit Phosphate, die weiter im Süden des Landes gewonnen werden, per Schiff zur Küste transportiert werden können.
In einem Gespräch im etwas größeren Kreis erklärte der Staatschef, Präsident Senghor, der, während ich dies schreibe, gerade zurückgetreten ist, die politische Lage seines Landes.
Senghor ist ein Mann von hoher Bildung und Einsicht. Für ihn ist Erziehung, Ausbildung und Kultur entschieden das Schwergewicht. Er will, daß sein Volk gut ausgebildet ist; es soll die eigene Kultur in die moderne Welt einbringen und weiter entwickeln können. Industrie kommt für ihn erst an zweiter Stelle. Sie ist notwendig, aber sie darf das wirtschaftliche, politische und kulturelle Geschehen nicht bestimmen, sie soll keine Vorrangstellung im Lande haben.
Wichtig sind ihm natürlich die Landwirtschaft und die Fischerei. Er erwähnt den Kampf gegen die Wüste; auf dem Plan für die kommenden Aufgaben stehen deshalb Staudämme am Strom und weiterhin die Aufforstung. Senghor ist der Afrikaner, der den Begriff der *Négritude* erfunden hat. Das will soviel heißen wie eigenständiges, schwarzes Denken und Fühlen, bewußtes Zugehören zur schwarzen Rasse und Kultur. Damit hat er für die Afrikaner, aber auch für uns Europäer den Weg gezeigt. Weg vom engstirnigen Denken, daß nur die Weißen eine wertvolle Rasse seien. Für die Afrikaner ist das ein Weg, zu ihrem Selbstbewußtsein zurückzufinden, das durch so viele Jahrhunderte der Demütigung gestört ist. Senghor hilft mit seiner Auffassung und seiner Art, entsprechend zu leben, Schwarzen und Weißen, den Rassismus zu überwinden.
Ich muß von diesen politischen Gesprächen noch einmal zurückkehren in die Savanne. Nachdem wir die letzte Siedlung, die wir besucht hatten, verließen, und bevor wir wieder nach St. Louis fuhren, wo der Projekt-

Brunnen in Senegal

leiter sein Büro und den zentralen Maschinenpark hat, waren wir noch zum Tee eingeladen.
Wir hielten bei zwei einsamen Hütten mitten im Busch, dort wohnte ein Mitarbeiter des Projektes mit seiner Familie. Die runden Hütten standen unter hohen Bäumen, waren aus Zweigen geflochten, mit Lehm beworfen, das Dach war ebenfalls aus Flechtwerk. An eines dieser Häuser war eine Matte angehängt, mit Stämmen festgehalten als Schattendach. Darunter durften wir uns setzen. Ein junger Mann brachte eine Schale Wasser zum Händewaschen, ein anderer in einem kleinen Kessel starken Tee, der gerade bei Hitze und Trockenheit besonders wohltuend ist. In einer großen Schale wurden gebratene, kalte Schweinerippchen gereicht. Dann trat die Hausfrau aus ihrer Hütte, und die Kinder , die sich bisher in einiger Entfernung gehalten hatten, kamen auch herbei. Sie lud mich

ein, in ihre Wohnung hineinzuschauen, und sie zeigte mir an der Seite des runden Raumes die Lagerstatt der Kinder, in der Mitte das Elternbett und ringsum an der Wand auf Borden die Dinge des täglichen Gebrauches, zusammengelegte Kleider und Tücher, bauchige Krüge und Schüsseln und bei der Tür einige große Kalebassen, Krüge, in denen Wasser zum Vorrat stand. Gekocht wird draußen an einer kleinen Feuerstelle, an der auch unser Tee bereitet worden war.

Als wir in St. Louis wieder angekommen waren, hatten wir im ganzen etwa 200 km auf Sandpisten zurückgelegt. Zwei Flugstunden später landete ich wieder in Dakar. Entlang der Küste war von oben deutlich die breite Dünung des Atlantischen Ozeans zu erkennen, obgleich es schnell dunkel wurde.

Unter sternklarem Himmel saß ich im Hotelgarten und sammelte meine Eindrücke. Der kühle Wind vom Meer machte mich frösteln nach der großen Hitze des Tages. Der spätere Abend brachte eine Zusammenkunft mit deutschen Entwicklungsexperten, lauter Fachleuten, die in vielen verschiedenen Projekten arbeiteten, zum Teil aber auch direkt bei der senegalesischen Regierung als Berater beschäftigt waren.

Da war ein Finanzberater für das Staudamm-Projekt, es gab einen Fachmann für das sogenannte Ernährungs-Sicherungs-Programm: Fast zwei Millionen Tonnen Getreide aus der Bundesrepublik werden in Lagerhäusern verwahrt, um für Dürrezeiten zur Verfügung zu stehen. Auch im eigenen Land sollten Nahrungsmittel aufgekauft und eingelagert werden für Notzeiten. In normalen Zeiten kann aus diesen Beständen an die ärmere Bevölkerung gegeben werden. Der Ernährungs-Sicherungs-Experte bildet zugleich Fachpersonal aus für die sachgemäße Lagerung des Getreides, und er berät die Bauern.

Es gab ein Gemüseanbau-Projekt, ein besonderes Projekt, um das wertvolle Erdnuß-Saatgut in Lagerhäusern aufzubewahren und zur rechten Zeit verteilen zu können, so daß die Ernte über das ganze Jahr reicht und genug für den wichtigen Export übrig bleibt.

Da war ein Lehrer, der den Deutschunterricht im Land fördern helfen soll, es gibt etwa 4000 Schüler für Deutsch.

Ein Industrie-Entwicklungs-Programm wurde betreut, ein Fischfang-Seminar ebenfalls. Andere halfen, Genossenschafts- und Gewerkschaftsarbeit aufzubauen und notwendige Bildungs-Seminare dafür durchzuführen. Eine Hotelfachschule wurde betreut. Und vieles mehr.

Ich konnte feststellen, daß auf sehr vielfältige Weise dem Land Senegal Hilfen gegeben werden, und ich gewann den Eindruck, daß die Regierung des Landes und die führenden Kreise diese Hilfe mit eigener Initiative unterstützen.

Auch Tourismus gibt es im Lande. Die ausländischen Gäste sollen Geld ins Land bringen, und damit diese Gäste sich unterhalten können, gibt es in der Hauptstadt Dakar Cafés, Kabaretts, Diskotheken und Kinos. Das alles ist natürlich auch ein Angebot an die wohlhabenderen Einheimischen und an die Europäer, die des Berufs wegen im Lande leben. Dakar liegt auf der Spitze einer Halbinsel, also an besonders schöner Lage am Meer. Das Klima ist günstig, der Europäer findet dort das ganze Jahr Sonne, aber auch gegen Abend meist erfrischende Kühle. So gesehen läßt es sich wirklich als Ferienort empfehlen.

Nur ist es eine alte Streitfrage, ob Tourismus wirklich zur fördernden Entwicklungshilfe gezählt werden kann. Der Bundestag hat beschlossen: Nein, mit öffentlichen Geldern soll er nicht gefördert werden; denn wo die Landschaft schön ist, investieren die Tourismusunternehmen und Hotelketten von selber. Ihr Risiko ist verhältnismäßig gering, um Arbeitskräfte brauchen sie sich nicht zu sorgen, und die zu zahlenden Löhne sind ganz gewiß nicht zu hoch.

Die Frage ist vielmehr, hilft der Tourismus, daß die fremden Gäste ein ernsthaftes Interesse am Besuchsland nehmen, lernen sie Menschen und Verhältnisse kennen, so daß sie zur notwendigen Verständigung zwischen beiden Welten beitragen können, und lernen die Einheimischen durch die Touristen die entwickelte, die westliche Welt kennen?

Gerade diese notwendige Begegnung scheint der Tourismus fast grundsätzlich auszuklammern: Die Gäste suchen nach Unterhaltung, wie alle Touristenzentren der Welt sie bieten; deshalb werden diese Einrichtungen nach europäischem Muster für sie hingestellt. Schon die Hotels sind in den meisten Fällen die international genormten. In Schlaf- und Badezimmer eines solchen Hotels kann sich ein Blinder ohne Schwierigkeit zurechtfinden, gleichgültig, ob er in Washington, in Hongkong, in Dakar, in Frankfurt, in London oder Stockholm ist. Der Urlaubstag kann im hoteleigenen Schwimmbad, auf dem Tennis- oder Golfplatz verbracht werden, wobei der Gast die Annehmlichkeit genießt, überall vorzüglich bedient zu werden, eine Annehmlichkeit, die man in den Industrieländern nicht kennt.

Es ist dem Touristen gewöhnlich gar nicht möglich, den Einheimischen anders zu begegnen als in der Gestalt von Portier, Kofferträger, Zimmermädchen, Kellnern, Köchen, Taxichauffeuren und Barkeepern. Wie soll er sich ein Bild vom einheimischen Menschen machen können?

Die Einheimischen ihrerseits sehen in den Touristen vorwiegend wunderliche Erscheinungen, denn der Durchschnittstourist kleidet sich, sobald sein Urlaub beginnt, so, wie er zu Hause üblicherweise nicht angezogen ist. Vielleicht sollte ich besser sagen, ausgezogen ist. Wir sind es ja gewöhnt, unsere Mitmenschen an heißen Urlaubstagen nicht immer schön, aber in jedem Fall dürftig bekleidet herumlaufen und herumsitzen zu sehen. Die Afrikaner haben ein anderes Gefühl für Schicklichkeit, vielleicht werden bei der einen oder anderen Gruppe auch Gefühle, die sich aus ihrer Religion herleiten, verletzt. Aber der Europäer fragt meist gar nicht danach, ob sein Betragen in das Gastland paßt. Er ist Urlauber, er zahlt, er kann sich erlauben, was ihm paßt. Aber trägt das zu der so notwendigen Begegnung bei?

Aus dem einen oder anderen nordafrikanischen Land habe ich Klagen von jungen deutschen Mädchen oder Frauen gehört über die Aufdringlichkeit der Männer. Sie konnten kaum ein paar Schritte auf der Straße gehen, ohne belästigt zu werden. Sollten sie sich vielleicht fragen, ob ihre aufreizende Aufmachung nicht von den dortigen jungen Männern als Aufforderung aufgefaßt werden muß?

Es ist schon vorgekommen, daß Touristen an den langen, einsamen Stränden beraubt worden sind. Was ist ihnen gestohlen worden? Goldene Armbanduhren, Ketten, Ringe, Kameras. Wenn diese Touristen

etwas wüßten von der Not der arbeitslosen und entwurzelten Slumjugend, wären sie sicher so einsichtsvoll, nicht allzu beladen mit materiellen Kostbarkeiten am Strande zu liegen.
So aber werden bestehende Vorurteile in den meisten Fällen nur gefestigt, und zwar auf beiden Seiten. Der kommerzielle Tourismus kann in meinen Augen kein Mittel sein, zur Begegnung der beiden Welten Industrieland und Entwicklungsland beizutragen. Im Gegenteil, er stößt sie voneinander ab.

Den eigenen Weg gehen
Schule und Kultur in Afrika

Für alle Länder in der Dritten Welt gilt, daß seit ihrer Unabhängigkeit zwei Dinge für sie vordringlich sind: die eigene Wirtschaft allmählich zu einer tragfähigeren Grundlage des Staates auszubauen und zweitens die Menschen dafür auszubilden, die diese Grundlage erarbeiten können. Denn wenn niemand planen, rechnen, verwalten und all die Dinge tun kann, die der Aufbau eines modernen Landes nun einmal verlangt, wie soll es dann weitergehen? Eine große Masse von Analphabeten, Menschen also, die nicht lesen und schreiben können, macht einen modernen Staatsaufbau unmöglich. Und wie sollte auch eine Demokratie entstehen, wenn – wie unter diesen Voraussetzungen – an allgemeine Wahlen nicht zu denken ist? Auch wir halten es ja für eine Grundbedingung, daß der Wähler »informiert« ist, um wählen und sich politisch entscheiden zu können.

Der Staatschef von Niger sagte mir: »*Unser Land ist arm und wenig aufgeschlossen. So haben wir einen Fünfjahresplan ausgearbeitet, um ganz allmählich wirtschaftlich aufbauen zu können. Wir brauchen dazu ausländische Investitionen. Und es ist nicht ganz unrealistisch, darauf zu hoffen, denn in unseren Sandwüsten gibt es Uranvorkommen, und selbstverständlich geben wir die Ausbeutung dieses wichtigen Rohstoffes nur zum höchstmöglichen Preis frei. Für die Bevölkerung ist das Wichtigste aber die Verbesserung der Landwirtschaft und damit auch der Wasserversorgung. Wir brauchen Verkehrswege, die uns im Land fast völlig feh-*

len, und wir brauchen Gesundheitsvorsorge und medizinische Versorgung. Wir brauchen aber vor allem Erziehung und Ausbildung. Denn 90 Prozent unserer Bevölkerung sind Analphabeten, die weit verstreut im Busch leben. Ich kann hier nicht auf einmal Demokratie aus dem Boden stampfen. Ich muß versuchen, so viele junge Menschen wie möglich an eine einfache Art von Erziehung heranzubringen. Deshalb haben wir verstreut im Lande Schulen eingerichtet, die das bewerkstelligen sollen. Erst einmal geht es ums Lesen, Schreiben und Rechnen und erste handwerkliche Fertigkeiten, dann sollen die Schüler einen Begriff von unserem Land und von seiner Situation bekommen. Sie müssen ja erst lernen, sich mit dieser staatlichen Einheit Niger zu identifizieren, das heißt, sich als Glieder dieses Staates zu fühlen und Mitverantwortung für ihn zu entwickeln.«

Wie ist es früher in Afrika mit Bildung und Erziehung gewesen, und wie haben die Kinder gelernt, sich in ihrer Welt auszukennen und ihre Aufgaben darin anzunehmen? Wenn auch erst durch die Mission Schulen, wie wir sie verstehen, eingerichtet wurden, so hat es doch an afrikanischer Erziehung nicht gefehlt. Wir wissen ja, daß es Traditionen gab, die jeden Menschen einbanden. Zu diesen Traditionen gehörte auch das Lernen. Der Tansanier Ismael Mbise erzählt in seinem Buch »Blutendes Land«, wie in seiner Heimat ein Dorf noch zu Beginn der Kolonisationszeit eine wirkliche Lebensgemeinschaft war. Der Dorfälteste war das Oberhaupt: Er verteilte das gemeinsame Land zum Bebauen, so daß jeder sich und die Seinen ausreichend ernähren konnte. Er rief zu besonderen Arbeiten und Besprechungen zusammen. Sein Wort galt. Ihm und den anderen Alten war die Weisheit eines langen Lebens zu eigen. Deshalb kamen die jüngeren Männer mit schwierigen Fragen zu ihm, um Rat zu holen. Männer, Frauen und Kinder hatten die ihnen eigenen, durch die Tradition vorgeschriebenen Aufgaben zu erfüllen. Hier war den Männern vor allem die Jagd und die eventuelle kämpferische Auseinandersetzung mit Nachbarstämmen Pflicht, während die Frauen den Feldbau und viele tägliche Arbeiten im Dorf übernahmen, die Kinder aber das Vieh hüten mußten und andere leichte Aufgaben zu erfüllen hatten.

Mbise erzählt vom Unterricht, wie ihn die Kinder in jener noch ungestörten Zeit genossen: *»Bei Einbruch der Dunkelheit, nach dem Abendessen, versammelten sich die Kinder um den Ältesten... ›Warum‹, fragte der alte Mann eines Abends, ›seid ihr, meine Enkel, in der Dunkelheit immer bei mir?‹*
Stille antwortete ihm. Noch nie zuvor hatte er sie mit einer sie nicht willkommen heißenden Frage empfangen. Auf jeden Fall war dies weder ein Sprichwort noch ein Rätsel, sondern eine direkte Frage. Das Holz brannte gleichmäßig und rot, das Gesicht des alten Mannes war rot... Für die Kinder war er fast eine Gottheit... Man stritt nicht mit ihm, das wäre ungehörig gewesen... ›Will mir keiner eine Antwort sagen?‹
›Ja, ich weiß nicht, Vaava, aber vielleicht, um uns zu wärmen, denn die Nächte sind kalt‹, sagte Masave...
›Vielleicht; aber laßt euch noch mal von mir helfen, ich meine euch alle. Ihr, meine Söhne, versammelt euch bei Anbruch der Dunkelheit um mich herum, weil es recht ist und sich gehört, daß ihr es tut. Ihr fangt eure Pflichten gerade erst an, ihr kleinen Dummerchen, und müßt zu richtigen Männern für euer Land gemacht werden. Das fängt mit diesen abendlichen Gesprächen an.‹«

Diese abendliche Pflicht führte die Kinder zum Denken und Begreifen ihrer Welt. Aus Erzählungen, Rätseln und Sprichworten, in Rede und Antwort über ganz alltägliche Vorkommnisse lernten sie, und sie hätten manchen Abend gewünscht, wie Mbise sagt, der Unterricht hätte länger gedauert – aber er wurde vom Ältesten, wenn es ihm an der Zeit schien, für beendet erklärt, und die Kinder mußten schlafen gehen.
Diese Kinder wuchsen in eine fest gefügte Welt hinein. Was es für die Menschen bedeutete, wenn der ihnen seit Generationen überkommene Boden auf einmal vom Kolonialherrn weggenommen und für andere Dinge beansprucht wurde, oder wenn sie gezwungen wurden, Lohnarbeit zu tun und Steuern zu zahlen für Land und Vieh, das können wir uns nur vorstellen, wenn wir versuchen, uns in die ganz eigene Denk- und Lebenswelt der Afrikaner von damals hineinzudenken. Das tägliche Leben, Sitte und Glauben waren eine untrennbare Einheit. Der Boden war Lebensgrundlage, er gab den Lebensunterhalt und ist gemeinsames

Gut. Man kannte, genau wie bei uns in frühen Zeiten unserer Geschichte, kein Geld: Die Dinge wurden getauscht und die Nahrung für alle durch Arbeit gewonnen.

Das Leben ist unendlich – es geht von einem Glied der Familie auf ein anderes über, die Geister der Vorfahren handeln als Vermittler zwischen Menschen und Göttern. Eines Verstorbenen Geist sucht sich einen neuen Körper, also ist er weiterhin unter den Lebenden. Und zur Familie gehören alle, die sich zum gleichen Stammvater bekennen, alle Lebenden und alle Verstorbenen, auch die noch nicht Geborenen. Ohne Familie wäre der Einzelne nichts – er wäre gar nicht da, er ist nur Glied der Kette und ist fest in diesen lebendigen Zusammenhang gefügt, in dem er in jedem Lebensalter eine besondere Stellung einnimmt. Dieser Stellung und seinen Kräften entsprechend obliegen ihm besondere Aufgaben, und im Alter, oder wenn er krank wird, hat er das selbstverständliche Recht auf die Fürsorge der Familie. Ein Individuum, ein Einzelner, ein Besonderer sein zu wollen, käme einem Verbrechen gleich und ist in alten Zeiten wohl kaum jemandem eingefallen: er wäre ja zugleich schutzlos, haltlos, vogelfrei gewesen.

Genau das aber wurde von den ins Land eindringenden Europäern verlangt. Der Schwarze sollte eine einzelne, bezahlte Arbeitskraft sein, ein für sich allein handelnder Steuerzahler. Die Mission sah einzelne Menschen, die sie bekehren wollte, einzelne Seelen, die sie ohne Christentum für verloren ansah. In der Vorstellung der Missionare waren afrikanische Sitten, Gebräuche und Glaubensvorstellungen »wild«, »böse«, »gotteslästerlich« und »unanständig«. Und das lehrten sie die Menschen mit so viel Nachdruck, daß große Unsicherheit um sich griff.

Dies alles mußte den Zusammenbruch des inneren Lebensgefüges bedeuten. Der Afrikaner ist damit der Not der modernen Welt ausgesetzt, als Einzelner und in einer Gesellschaft ohne Regeln und eingeübte Verhaltensweisen sich behaupten zu müssen. Die Vereinzelung, die eines jeden Leben bei uns schwer macht, ist auch dorthin vorgedrungen. Die Alten, Kranken und die Waisenkinder bleiben in einer Gesellschaft einzelner Berufstätiger im besten Falle einer allgemeinen Fürsorge über-

lassen, falls es eine solche überhaupt gibt. Noch aber scheint trotz alledem der Familienzusammenhalt in einer gewissen Weise zu funktionieren, denn es fiel mir in Afrika auf, daß ich so gut wie keine alleinstehenden Menschen getroffen habe.
Noch ist es dort selbstverständlich, daß einer, der in der Stadt Arbeit hat, mit seinem Lohn die Familie zu Hause, nicht nur die eigenen Eltern, sondern auch weitere ältere Familienmitglieder unterstützt. Und er kommt auch selbstverständlich nicht nur für eine Ausbildung der eigenen Kinder auf, sondern er hat auch für andere junge Verwandte zu sorgen. Das ist natürlich bei einem geringen Lohn oder Gehalt eine große Überforderung. Während eben für den Afrikaner die Familie eine große Einheit bedeutet, zählt der europäische Arbeitgeber im günstigen Falle Frau und Kinder zur Familie seines Angestellten, wenn sein Lohn überhaupt berücksichtigt, daß er noch andere Personen mitzuversorgen hat, so doch gewiß nicht die Zahl von Angehörigen, die nach afrikanischer Sitte von demjenigen, der verdient, Unterstützung erwarten darf. Dieses Sich-für-einander-verantwortlich-fühlen steht im krassen Gegensatz zu unserer Lebenshaltung. Zur Familie zählen bei uns eigentlich nur noch Eltern und Kinder, und auch diese nur, solange sie noch im Hause sind. Im übrigen lassen wir den Staat lieber Altersheime und Waisenhäuser einrichten. Die muß zwar jeder Steuerzahler mitbezahlen, aber er braucht sich nicht um die Menschen in diesen Einrichtungen zu kümmern.

Es ist gewiß nicht so, daß es in Afrika keinerlei Änderung und Entwicklung in Richtung auf die moderne Welt von heute gegeben hätte ohne den rücksichtslosen Eingriff der Europäer. Es hätte aber immerhin eine eigene Entwicklung stattfinden können, eine, die weniger Wunden geschlagen hätte. Gerade auf dem Gebiet der Kultur und Bildung!

In den fremden Schulen der Mission lernten die Kinder; aber sie wurden herausgerissen aus ihrer traditionellen Welt, und als Missionsschüler waren sie vor den anderen herausgehoben. Es ist verständlich, daß man-

cher Heranwachsende aus der Not des Fremdwerdens gegenüber seiner eigentlichen Welt eine Tugend zu machen versuchte: Er wurde ja den anderen gegenüber zur Verkörperung der modernen Welt.
Die schwarzen Kinder sollten in den Missionsschulen nur soviel lernen, wie sie zur Ausübung dienender Tätigkeiten für die Weißen brauchten, im übrigen wurde auf ihre Bescheidenheit und Dankbarkeit gerechnet. Die Mission gab sich viel Mühe mit den kleinen »Wilden«. Sie lehrte sie europäisches Betragen, gab ihnen europäische Kleider, doch vor allem wurden ihre Seelen gerettet für die christliche Ewigkeit. Ein gutes Werk also. Aber war es das wirklich? Heute arbeiten Missionen anders. Sie helfen oftmals in hervorragender Weise, den tiefen Graben zwischen den armen Ländern der Dritten Welt und der industrialisierten Welt zu überwinden. Ihr Unterricht ist heutigen Notwendigkeiten angepaßt, sie respektieren das Anderssein anderer Menschen, sie geben Rat, sie helfen mit eigenen Entwicklungsprojekten. Inzwischen ist kirchliche Entwicklungshilfe zu einer hervorragenden Einrichtung geworden.
Damals aber dachte man anders: Die Kolonialherren waren zufrieden, in den Missionsschulen Ausbildungsstätten vorzufinden, die ihnen für untergeordnete Tätigkeiten notwendiges Personal lieferten. So wurden Leute zum Beispiel für niedrigere Verwaltungsarbeiten der verschiedensten Art gebraucht. Auch Soldaten wurden in den Kolonien rekrutiert, die unter deutscher Flagge als Ordnungsmacht eingesetzt wurden. Und im Ersten Weltkrieg kämpften diese Soldaten gegen die Feindmächte England und Frankreich, die die deutschen Kolonien erobern wollten.
In Dar es Salaam saßen, als ich dort Mitte der siebziger Jahre war, an bestimmten Tagen der Woche eine ganze Anzahl alter Männer auf dem Flur der deutschen Botschaft. Sie warteten auf die Ausbezahlung ihrer Kriegerrente, die ihnen als ehemaligen Soldaten der deutschen Kolonie Ostafrika zustand. Ich war sehr verwundert beim Anblick dieser Veteranen. Für mich liegt die Zeit der deutschen Kolonien weit zurück, ich habe sie nicht mehr erlebt, und hier saßen leibhafte Zeugen, denen unser Staat noch heute verpflichtet ist. Und in Kamerun begegnete ich sogar einer größeren Versammlung von Veteranen.

Sie hatten sich eigens in einer offenen Halle versammelt, um einige Kollegen, mit denen ich reiste, und mich zu treffen. Als wir eintrafen, standen alle auf, und wir schüttelten viele, viele, alte, gichtige und verarbeitete Hände, bis wir das Podium erreicht hatten, auf dem wir – allen sichtbar – sitzen mußten. Eine alte Dame führte das Kommando. Sie war als Tochter aus fürstlichem Stamm eine Prinzessin. In ihrer Jugend war sie eine Zeitlang am Rhein in einer Klosterschule erzogen worden. Sie sprach recht gut deutsch und schwärmte von Ereignissen und Personen aus einer Zeit, die für mich längst Geschichte ist.
Zuerst forderte sie die Versammlung auf, ein deutsches Lied zu singen, und sie sangen mit zittrigen Stimmen: »Ich hatt' einen Kameraden.« Die Worte des Liedes waren aufgrund der zum Teil merkwürdigen Aussprache kaum zu verstehen, aber die Melodie griff mir ans Herz: Mir war, als ob eine längst versunkene Zeit aufstünde. Der strahlende Glanz auf all den alten Gesichtern erschütterte mich noch mehr. Als Politikerin versuche ich seit Jahren mitzuhelfen, die bösen Folgen der Kolonisation aufzuheben in positiver Zusammenarbeit, und hier standen über hundert alte Afrikaner, in deren Erinnerung ihre Zeit als deutsche Soldaten inzwischen einen goldenen Schimmer angenommen hatte. Sie kannten noch einzelne deutsche Kommandoworte, die sie freudig ausriefen, sogar Flüche, die sie von ihren Vorgesetzten gehört hatten. In der Erinnerung verklärt sich vieles, dort und bei uns, aber ich habe mich doch peinlich berührt gefühlt, wie wir nun diesen alten Menschen zum Bindeglied ihrer Erinnerung an das alte kriegerische Deutschland der Kaiserzeit wurden.
Wir demokratische Parlamentarier von heute! Was sollten wir nun von unserem hohen Podest herunter mit der Versammlung reden? Sie hätten nicht verstanden, wie sehr ihre Erinnerungswelt für uns überwundene Vergangenheit ist. So schlug ich endlich vor, noch ein Lied zu singen. Aus rauhen Kehlen erklang Goethes »Sah ein Knab ein Röslein stehen.« Ich weiß nicht, warum mir fast die Tränen in die Augen stiegen.
Aus den Missionsschulen ging die erste Generation politischer Funktionsträger hervor: die ersten Staatschefs und Minister nach der Unab-

Missionsschule in Kamerun

hängigkeit. Sie waren die Gebildeten gegenüber ihren Landsleuten, und viele von ihnen hatten im jeweiligen »Mutterland« ihre Ausbildung fortgesetzt und brachten Fähigkeiten mit, die ihnen die Übernahme von Staatsgeschäften erleichterten.

Niemand hatte je daran gezweifelt, daß eine europäische Erziehung, wie sie die Missionsschulen vermitteln und wie sie danach in den jungen afrikanischen Staaten allgemein üblich wurde, auch für Afrikaner wirklich richtig sei. Das nahm man einfach als selbstverständlich an. Für junge Afrikaner aber hieß das, eine fremd machende Erziehung zu erhalten, aber auch bei denen fremd zu bleiben, die diese Erziehung ihnen zuteil werden ließen. Wie soll sich nun ein junger Mensch orientieren können, wo gehört er hin, welche Vorstellungen und Werte können die für ihn gültigen sein? Findet er überhaupt noch für sich gültige Werte?

Er muß sich eine eigene Orientierung suchen in einer Welt, die sich noch dazu immer schneller wandelt. Und wer hilft ihm dabei? Wahrscheinlich sind wir Europäer nicht in der Lage, das zu tun, aber zumindest sollten wir diese Schwierigkeit sehen und respektieren.

Nicht leichter wird die Schwierigkeit für die jungen Menschen, wenn sie sich vor Augen halten, daß diese Schulen nach europäischem Muster für sie das Tor zum Aufstieg bedeuten, denn sie gehören gegenüber der Masse der Bevölkerung zu denjenigen, die bedeutende Stellungen bekommen können, die Einfluß gewinnen und Geld. Demgegenüber erscheint der afrikanisch gebildete Mensch als ungebildet, er hat im modernen Staatsaufbau keine Chancen.

Von den Aufsteigern in einer neuen Welt aber sagt Senghor: *»Er ist nicht mehr Mensch, weil er eben nach afrikanischer Vorstellung nur innerhalb von Familie und Tradition lebend Mensch sein kann.«* Und Senghor kämpft für eine Bildung, die auf afrikanischer Kultur aufbaut. An vielen Beispielen kann man heute deutlich sehen, daß junge Menschen, die durch die europäische Schule gegangen sind, nicht mehr dorthin zurückkehren wollen und können, wo sie geboren sind; sie haben die innere Bindung verloren, und die Familie steht ihnen ratlos gegenüber. Das Problem ist wirklich, wie soll nun also unterrichtet und erzogen werden?

Vor wenigen Jahren fand ich fast überall noch europäische Experten, die Bildungspläne machten und europäische Leiter von Schulen, Fachschulen und praktischen Ausbildungsstätten. Ich hörte auch, wie ein Regierungsbeamter sagte: *»Wir wollen unsere eigenen Erziehungspläne machen. Wir wollen unser Schulwesen nach unseren Vorstellungen einrichten. Warum sollen wir unsere Kinder nach britischem, französischem, schwedischem oder kanadischem Muster unterrichten? Sie leben hier in Afrika, und es nützt den Kindern wenig, wenn sie gelernt haben, wie man in London eine Postanweisung ausfüllt oder wie man im kanadischen oder schwedischen Winter mit seinen Skiern umgeht. Was für ein Unsinn, was für eine Anmaßung!«*

Ganz sicher hat er recht; nur aus diesen und anderen Ländern kommt Geld für Schulprojekte, kommen die notwendigen Experten. Auf beides ist man in Afrika noch angewiesen.

Eine deutsche Lehrerin, die mehrere Jahre an einer Schule tief im Busch unterrichtet hat, erzählte mir: *»In unserer Internatsschule hatten wir Schülerinnen aus einem sehr weiten Einzugsgebiet. Das machte das Unterrichten für mich und andere anstrengend, denn man mußte sich ja den ganzen Tag um die Mädchen kümmern und auch nachts bei Notfällen einspringen. Außerdem hatten wir einen achtstündigen Arbeitstag: Von morgens um acht Uhr mit einer kurzen Mittagessenspause bis um vier Uhr wurde unterrichtet. Du kannst dir denken, daß wir das für eine merkwürdige Verwaltungsanordnung hielten, allein wenn man das Klima bedenkt, in dem wir lebten. Auch andere Schüler sind achtstündigem Lernen eigentlich nicht gewachsen, und nun diese Mädchen, die aus Lebensverhältnissen kamen, die wir nicht kannten, und die ganz gewiß nicht an stundenlanges Stillsitzen und geistige Beschäftigung gewöhnt waren. Wir mußten sie, losgelöst von all dem, was ihnen bisher vertraut war, mit ganz fremdem Unterrichtsstoff füttern. Europäischer Unterrichtsstoff eben, Dinge, die ihnen nichts sagten, Wörter, die sie nicht verstanden. Schon die Schulbücher, die Europa nach Afrika bringt, passen dort nicht hin. Was soll ein afrikanisches Kind mit einer Übungsgeschichte im Englischbuch anfangen, die von einer Untergrundbahnfahrt in London erzählt? Was sagt ihm das Ostereiersuchen deutscher Kinder bei ihren Großeltern, zu denen sie im Auto zu Besuch gekommen sind? Wer trotz aller Schwierigkeiten im Unterricht bis zu Ende durchhielt, machte das ›Cambridge Entrance Examination‹, eine Eingangsprüfung für die Universität Cambridge, ein englisches Abitur.*

Die Eingewöhnung in die Schule wurde auch durch das Sprachengemisch so schwer, denn in jedem afrikanischen Staat gibt es ja mehrere, oft sogar sehr viele verschiedene Sprachen; Stammessprachen, die voneinander gänzlich verschieden sein können. Kaum daß sie mit diesem Sprachengemisch untereinander schwatzen konnten, da mußten sie alle Englisch lernen. Manche verstanden davon kein Wort und sollten in dieser, ihnen ganz fremden Sprache, dem Unterricht folgen.

Der Unterrichtsbetrieb war also schon kaum zu meistern, ganz zu schweigen von dem, was sich im Zusammenleben dieser in die Fremde versetzten Mädchen ereignete. Geschehnisse, denen gegenüber wir als Lehrerinnen vollkommen hilflos waren. Ich will dir eine Geschichte so erzählen, wie sie eines Nachts geschah: Ich hatte mich schon vor ein, zwei Stunden hingelegt, schlief aber unruhig, weil mir

die Höhenlage unseres Schulortes zu schaffen machte. Plötzlich wurde die Tür aufgerissen. Chipo, eine der größeren Schülerinnen, stand auf der Schwelle und schrie: ›Oh, kommt, helft, schnell. Es ist Musekwa!‹
Ich taumelte erschrocken hoch und rannte mit ihr zu einem der Schlafsäle. Andere Lehrerinnen kamen auch gelaufen, und da sah ich Musekwa sich auf der Erde wälzen, die Augen verdreht, die Glieder völlig verkrampft. Die Mädchen standen verschreckt im Kreis. Einige flüsterten, alle waren zutiefst beunruhigt, aber auf einmal fing eine andere an, mit Armen und Beinen zu zucken, die Augen zu verdrehen und zu Boden zu sinken. Ich wußte nicht, was das war, ich war ganz außer mir vor Schreck. Da kam eine englische Helferin mit einer Beruhigungsspritze angerannt und wollte sich bei der am Boden Liegenden niederknien. Aber die Schulleiterin rief: ›Nein, nein, auf keinen Fall spritzen! Lassen Sie das!‹
Auf einmal hörten wir Trommelschlagen und schauten erstaunt auf. Da stand ein Mädchen mit der Trommel, der sie seltsame Rhythmen, die sich immer wiederholten, entlockte. Niemand bewegte sich, ich fühlte mich ganz gefangen unter dem Eindruck dieser Töne; immer wieder der gleiche Rhythmus, und da sah ich, wie sich allmählich die Glieder der Verkrampften zu lösen schienen, wie allmählich der Bann gebrochen wurde. Sie blickten um sich wie Erwachende und standen auf. Die Trommlerin war aus derselben Gegend, aus demselben Stamm wie die Befallenen. Sie kannte den Trommelruf, der die Geister beruhigt und abziehen läßt. Denn das war es, was den Mädchen geschehen war, Geister, vielleicht aus ihrer Familie, hatten sich ihrer bemächtigt, und nur dieser Rhythmus, diese Töne auf der Trommel waren die Antwort, durch die die Mädchen aus ihrer Macht gelöst werden konnten. Wie ich später erfuhr, hätte eine Spritze die Mädchen in diesem Zustand getötet, das wußte die Schulleiterin.
Ich begriff, daß Afrika für uns Europäer viele Geheimnisse hat, und die ersten Zweifel kamen mir, ob unser angestrengtes, gutgemeintes Tun in diesem Lande, von dem wir so wenig wußten, überhaupt richtig war. Ich weiß es noch heute nicht zu sagen.«

Inzwischen ist es vielerorts gelungen, die Schule afrikanischer zu machen. Es gibt afrikanischen Lesestoff, afrikanische Geschichte wird gelehrt, und die Abbildungen in den Schulfibeln zeigen schwarze Kinder. Der afrikanische Geschichtswissenschaftler Joseph Ki-Zerbo sagt: *»Die Afrikanisierung der Schule muß helfen, schwarz sein zu wollen, auch im Denken und Fühlen. Das muß eine Überzeugung sein, eine gemeinsame, treibende Kraft, die die Afrikaner im modernen technischen Zeitalter ja sagen lassen zum afrikanischen Bewußtsein. Und afrikanische Sitten, Musik und Tanz dürfen nicht an der Schultür ausgesperrt werden. Französisch und Englisch werden schon mancherorts als Fremdsprachen gelehrt – die afrikanischen Sprachen müssen ihren Platz als Grundlage der neuen Bildung einnehmen.«*

Allerdings sind die Schulziele auf Prüfungen angelegt, die der mittleren Reife und dem Abitur entsprechen, und die Anforderungen, die dafür gestellt werden, können sich von den europäischen bisher nicht lösen. Denn das Abitur soll ja den Anschluß an europäische Studien ermöglichen. Auch die Studienanforderungen an afrikanischen Universitäten werden an Europa orientiert: Es geht um die Anerkennung auch des Studiums. Wer in Afrika sein medizinisches Doktorexamen macht, will eine gleichwertige Ausbildung haben wie andere, die diese Prüfungen in Europa machten. Und er muß das auch, soll er mit der modernen Medizin Schritt halten können.

Deshalb sind Eltern aus der afrikanischen Oberschicht oft nicht einmal froh, wenn die Schulen »afrikanisch« sind: Sie wollen für ihr Kind den Weg zum Aufstieg in die Welt offen haben.

Man muß aber an die große Zahl afrikanischer Kinder denken, die gar keine weitergehende Schule besuchen können. Das sind die meisten; es gibt ja viel zu wenig Schulen, und die Entfernungen zwischen Wohnort und Schulen sind oft viel zu groß. Viele Eltern können auch die Kosten nicht tragen, schon gar nicht für mehrere Kinder, und so gibt es immer noch sehr viele Kinder, die nie in eine Schule gehen; andere aber gehen vier, höchstens fünf oder sechs Jahre zur Schule. Und was machen sie dann? Im Dorf mögen sie nicht mehr bleiben, sie haben ja eine »höhere Ausbildung« genossen. Einen Beruf finden aber nur wenige, denn so viele Arbeitsplätze gibt es noch nicht, auch nicht viele, die auf einer so kurzen Schulbildung aufbauen könnten. So strömen viele junge Menschen den Städten zu und suchen nach Arbeit. Viele hausen dort in den

unvorstellbar primitiven Vorstädten aus Wellblech und Kisten, den Slums. Und nicht wenige verkommen. In Nairobi brennt die Polizei des Nachts solche Wellblech- und Pappkarton-Siedlungen ab, denn die Stadtverwaltung will die »bettelnden und räuberischen Elemente« loswerden.
Und während unsereiner als Besucher in Nairobi mit dem Cocktailglas in der Hand im nächtlichen Garten des Botschafters zu Gast ist, steht auf einmal greller Feuerschein am Himmel: Menschen verlieren ihr jammervolles Obdach, ein fast allnächtlicher Vorgang. Mit Tagesdämmern werden aber an anderer Stelle neue Hütten zusammengebastelt, denn wo sollen die Menschen bleiben?
Wenn der Staatshaushalt eines afrikanischen Staates etwa dreißig bis vierzig Prozent für Bildung ausgäbe, könnten vielleicht alle jungen Leute eine volle Ausbildung haben. Aber das kann kein Staat, weil zu viele andere dringende Aufgaben zu erfüllen sind. Es gäbe dann auch riesengroße soziale Schwierigkeiten anderer Art: nämlich Arbeitslose mit abgeschlossenem Universitätsstudium oder anderer abgeschlossener Ausbildung. In einem jungen unterentwickelten Land sind gar nicht so viele Stellen da, sie könnten gar nicht bezahlt werden. So bedeutet »Bildung«, die so notwendig ist für die Zukunft eines jeden Landes zugleich einen Explosionsherd, und wieder steht die Frage: Was soll man eigentlich tun?
Nicht nur die deutsche Entwicklungshilfe hat viele Ausbildungsstätten zum Erlernen praktischer Berufe eingerichtet. Dort können junge Menschen nach ein paar Jahren Schulbesuch Automechaniker lernen, Schlosser, Tischler, Näherin oder medizinische Hilfsberufe und vieles andere mehr. Berufe, die gebraucht werden und in denen Arbeitskräfte fehlen. Aber das ist nur eine verhältnismäßig kleine Anzahl von jungen Menschen, die auf diese Weise weiterkommen können. Was wird mit der Arbeit im Dorf, die vielen jungen Menschen zu gering geworden ist, die aber wichtige Nahrungsgrundlage für alle sein müßte? Zwar haben die Menschen traditionell wenig mehr auf ihren Feldern angebaut, als sie selber brauchten; aber auch dort gibt es neue Bewegungen wie in Tansa-

Tuareg-Mädchen in Niger

nia von Staats wegen, und viele ländliche Entwicklungsprojekte zeigen, wie Landbau und Kleinviehhaltung ertragreicher gestaltet werden können. Gerade dort liegt einer der Schwerpunkte des »Helfens, damit die Bevölkerung lernt, sich selber zu helfen«.
Bis in die siebziger Jahre hinein waren es Ausländer, die afrikanische Geschichte schrieben und sich mit afrikanischer Völkerkunde befaßten. *»Wie können wir's zulassen, mein Sohn, daß seelenlose Leute unsere Geschichte schreiben?«* sagt der Wirtschaftswissenschaftler und Schriftsteller Sam Tulya-Muhika.

Auch auf diesem Gebiet gehen Europäer und Amerikaner zunächst mit ihren eigenen Vorurteilen an die Dinge heran, und viele kluge Wissenschaftler glauben, daß sie den eigentlichen Schlüssel zum Verständnis gefunden haben. Zum Glück aber öffnen uns afrikanische Wissenschaftler selber die Tür in ihre Welt. Afrikanische Fachleute schreiben über ihre eigene Kultur und Geschichte. Völkerkundler, Politik- und Gesellschaftswissenschaftler äußern sich und sparen nicht mit ihrer Kritik an jenen, die schon immer alles über sie besser wissen wollten. Mancher von ihnen hat mit Mißbehagen die ausländischen Bemühungen, afrikanische Kultur wissenschaftlich zu beschreiben, verfolgt. So schreibt Jomo Kenyatta spöttisch: *»Die ausländischen Freunde des Afrikaners sind bereit, diese Freundschaft als heilige Pflicht bis in die Ewigkeit fortzusetzen, wenn nur sicher ist, daß der Afrikaner auch weiterhin die Rolle des unwissenden Wilden spielt, denn dann können sie seine Gedanken auslegen und für ihn sprechen.«*
In Romanen, Erzählungen und Gedichten beschreiben und diskutieren afrikanische Schriftsteller, wie sich die Menschen in ihrem Lande mit den fremden Einflüssen und ihren Anforderungen auseinandersetzen müssen, und oft wird Kritik laut den eigenen Landsleuten gegenüber, die sich ohne Rückhalt den fremden Einflüssen hingeben. Zornig sagt Ayi Kwei Armah: *»Was wir sahen, waren unsere eigenen Schwarzen, die um den weißen Mann herumkletterten, ihn auf unserem Rücken willkommen hießen ... Die, welche unsere Führer sein wollten ... hatten nicht Haß und Zorn und Verzweiflung im Herzen wie wir; sie fühlten Dankbarbeit für unsere weißen*

Herren ... Es ist entsetzlich, zuzuschauen, wie ein Schwarzer mit allen Kräften versucht, das schwarze Gespenst eines Europäers zu sein!«

Ki-Zerbo dagegen gibt Rat: *»Kultur wächst aus dem Volk selbst und findet die eigentümliche Form. Und sie muß sich immer wieder aus dem Volk erneuern. Das kann natürlich nur geschehen, wenn dieses Volk sich nicht selbst fremd wird durch fremden Einfluß, und wenn es sein Selbstvertrauen bewahrt. Der starke Einfluß von außen, der die gewachsenen afrikanischen Lebensformen verdirbt, das Elend der Armut stehen dagegen: Wer hat im Elend schon die Kraft zum Nachdenken? Wer kann, wenn er noch dazu unwissend ist, Schöpferkraft entwickeln? Es gibt aber eine Schicht von Intellektuellen: Sie müssen in die wartende, aus sich selbst unfähige Menge den Funken des Erwachens tragen – ihr Eintauchen in die Menge würde die Gesamtheit zu einer neuen afrikanischen Kultur emporheben.«* Ki-Zerbo spricht auch von einer notwendigen geistigen Wandlung, die aber dem Volk seine Wurzeln nicht nehmen darf.

Dichter, Schriftsteller und Gelehrte sprechen eine offene Sprache. Es ist nun an uns, zuzuhören und zu verstehen, daß nicht immer nur wir die Sprecher sein können. Auch unsere gutgemeinten Kulturbeziehungen bleiben nicht mehr als Einbahnstraße: Jahrelang waren wir allein Überbringer unserer Gaben, inzwischen können wir mehr und mehr afrikanische Gaben entgegennehmen: Bücher, Musik, Theater, Kabarett.

Hier liegt eine Chance, Afrika besser kennenzulernen. Mancher Europäer, der lange Jahre in Afrika gelebt hat und erst glaubte, sehr schnell Menschen und Verhältnisse kennengelernt zu haben, merkte nach Jahren, daß er noch weit davon entfernt war, ihr Denken und Handeln zu verstehen. Auf einander hören, einander gelten lassen aber, könnte Brücken schlagen.

In der Kirche einer christlichen Internatsschule, die einsam im unerschlossenen Zulu-Land liegt, habe ich Schüler einen Abendgottesdienst einleiten hören. Der Pfarrer hatte vergessen, daß es Zeit war, und ließ auf sich warten. Die Schüler sangen derweile ein Kirchenlied mit vielen Versen. Aber dieser Gesang ist nicht zu vergleichen mit hiesigem Gemeindegesang. Etwa sechzig Jungen und Mädchen sangen ohne Chorleiter einen frei erfundenen mehrstimmigen Satz. Einzelstimmen übernahmen hie und da die Hauptmelodie, kanonartig fiel der Chor ein. Mal wechselten auch Jungen- und Mädchenstimmen sich ab. Der Rhythmus verlangsamte sich, der Ton wurde zurückgenommen und auf einmal ein gemeinsamer strahlender Höhepunkt in vollem Akkord. Niemand hatte sie mehr gelehrt als die einfache Grundmelodie des Liedes.

Arena-Standard-Bibliothek:
Geschichte und Zeitgeschichte aus erster Hand

Heinrich Pleticha
Geschichte aus erster Hand, Band I
Von den alten Weltreichen bis zum Fall Konstantinopels
248 Seiten, 8 Bildtafeln, Quellenverzeichnis, mehrfarbiger Umschlag

Geschichte aus erster Hand, Band II
Von den Entdeckungsreisen bis zum 2. Weltkrieg
248 Seiten, 8 Bildtafeln, Quellenverzeichnis, mehrfarbiger Umschlag

Zeitgeschichte aus erster Hand
Augenzeugenberichte und Reportagen über die letzten 35 Jahre
260 Seiten, 8 Bildtafeln, Quellenverzeichnis, mehrfarbiger Schutzumschlag

Thilo Koch
Unser Mann in . . .
Die bekanntesten Auslandskorrespondenten des deutschen Fernsehens berichten von ihrer Arbeit in allen Kontinenten. New York, Moskau, London, Tokio, Paris, Caracas, Tel Aviv, Delhi und Hongkong sind nur einige Stationen im interessanten Berufsalltag dieser Männer.
Die Berichte geben in ihrer Vielfalt ein buntes Bild der Welt und zeigen das Zustandekommen von Nachrichten und den Weg, auf dem sie uns in der »Tagesschau« oder im »heute journal« am Bildschirm erreichen.
176 Seiten, 12 Fotos, mehrfarbiger Schutzumschlag

Arena